公益財団法人 日本漢字能力検定協会

改訂四版

漢検 漢字学習 ステップ

漢検

ワイド版

漢字練習ノート

別《べっ》冊《さつ》

付・「総《そう》まとめ」答案用紙

7級

「漢字練習ノート」は、別冊になっています。とりはずして使ってください。

※「漢字練習ノート」をとじているはり金でけがをしないよう、気をつけてください。

漢検 公益財団法人 日本漢字能力検定協会

700411 (1-2)

ステップ 1

漢字表は本文11ページにあります

栄	英	印	茨	位	衣	以	案	愛
栄	英	印	茨	位	衣	以	案	愛
栄	英	印	茨	位	衣	以	案	愛

ステップ 2

漢字表は本文 15 ページにあります

芽	課	貨	果	加	億	岡	塩	媛
芽	課	貨	果	加	億	岡	塩	媛
芽	課	貨	果	加	億	岡	塩	媛

漢字表は本文 19 ページにあります

完	潟	覚	各	街	害	械	改	賀
完	潟	覚	各	街	害	械	改	賀
完	潟	覚	各	街	害	械	改	賀

ステップ 4

漢字表は本文 23 ページにあります

	季	希	岐	願	観	関	管	官
	季	希	岐	願	観	関	管	官
	季	希	岐	願	観	関	管	官

漢字表は本文 27 ページにあります

給	泣	求	議	機	器	旗
給	泣	求	議	機	器	旗
給	泣	求	議	機	器	旗

ステップ 6

漢字表は本文 35 ページにあります

	熊	極	競	鏡	協	共	漁	挙
	熊	極	競	鏡	協	共	漁	挙
	熊	極	競	鏡	協	共	漁	挙

ステップ 7

漢字表は本文 39 ページにあります

	欠	芸	景	径	群	郡	軍	訓
	欠	芸	景	径	群	郡	軍	訓
	欠	芸	景	径	群	郡	軍	訓

ステップ 8

漢字表は本文 43 ページにあります

候	香	好	功	固	験	健	建	結
候	香	好	功	固	験	健	建	結
候	香	好	功	固	験	健	建	結

ステップ 9

漢字表は本文 47 ページにあります

昨	崎	材	埼	最	菜	差	佐	康
昨	崎	材	埼	最	菜	差	佐	康
昨	崎	材	埼	最	菜	差	佐	康

漢字表は本文 51 ページにあります

札	刷	察	参	産	散	残
札	刷	察	参	産	散	残
札	刷	察	参	産	散	残

漢字表は本文 61 ページにあります

	鹿	辞	滋	治	児	試	司	氏
	鹿	辞	滋	治	児	試	司	氏
	鹿	辞	滋	治	児	試	司	氏

漢字表は本文 65 ページにあります

	松	初	順	祝	周	種	借	失
	松	初	順	祝	周	種	借	失
	松	初	順	祝	周	種	借	失

漢字表は本文 69 ページにあります

	信	臣	縄	城	照	焼	唱	笑
	信	臣	縄	城	照	焼	唱	笑
	信	臣	縄	城	照	焼	唱	笑

漢字表は本文 73 ページにあります

節	折	積	席	静	清	省	成	井
節	折	積	席	静	清	省	成	井
節	折	積	席	静	清	省	成	井

漢字表は本文 77 ページにあります

	巣	倉	争	然	選	戦	浅	説
	巣	倉	争	然	選	戦	浅	説
	巣	倉	争	然	選	戦	浅	説

漢字表は本文 87 ページにあります

	達	隊	帯	孫	卒	続	側	束
	達	隊	帯	孫	卒	続	側	束
	達	隊	帯	孫	卒	続	側	束

ステップ 17

漢字表は本文 91 ページにあります

単 置 仲 沖 兆 低 底

漢字表は本文 95 ページにあります

	特	働	灯	努	徒	伝	典	的
	特	働	灯	努	徒	伝	典	的
	特	働	灯	努	徒	伝	典	的

ステップ 19

漢字表は本文 99 ページにあります

	梅	敗	念	熱	梨	奈	栃	徳
	梅	敗	念	熱	梨	奈	栃	徳
	梅	敗	念	熱	梨	奈	栃	徳

漢字表は本文 103 ページにあります

	不	標	票	必	飛	飯	阪	博
	不	標	票	必	飛	飯	阪	博
	不	標	票	必	飛	飯	阪	博

漢字表は本文 113 ページにあります

辺	別	兵	副	富	阜	府	付	夫
辺	別	兵	副	富	阜	府	付	夫
辺	別	兵	副	富	阜	府	付	夫

漢字表は本文 117 ページにあります

	満	末	牧	望	法	包	便	変
	満	末	牧	望	法	包	便	変
	満	末	牧	望	法	包	便	変

漢字表は本文 121 ページにあります

未 民 無 約 勇 要 養

未 民 無 約 勇 要 養
未 民 無 約 勇 要 養

漢字表は本文 125 ページにあります

	類	輪	量	料	良	陸	利	浴
	類	輪	量	料	良	陸	利	浴
	類	輪	量	料	良	陸	利	浴

漢字表は本文 129 ページにあります

令 冷 例 連 老 労 録

令 冷 例 連 老 労 録

令 冷 例 連 老 労 録

7級 総《そう》まとめ 答案用紙

※実際《じっさい》の検定《けんてい》での用紙の大きさとは異《こと》なります。

(一) 読み (20)

1	2	3	4	5	6	7	8	9	10

1×20

(二) 読み (10)

1	2	3	4	5	6	7	8	9	10

1×10

(四) 画数(算用数字) (10)

何画目					総《そう》画数				
1	2	3	4	5	6	7	8	9	10

1×10

(五) 音読み・訓読み(記号) (20)

1	2

2×10

(七) 漢字と送りがな(ひらがな) (14)

1	2	3	4	5	6	7

2×7

(九) 同じ読みの漢字 (16)

1	2	3	4	5	6	7	8

2×8

(十) 漢字 (40)

1	2	3	4	5	6	7	8	9	10

2×20

総得点
/200

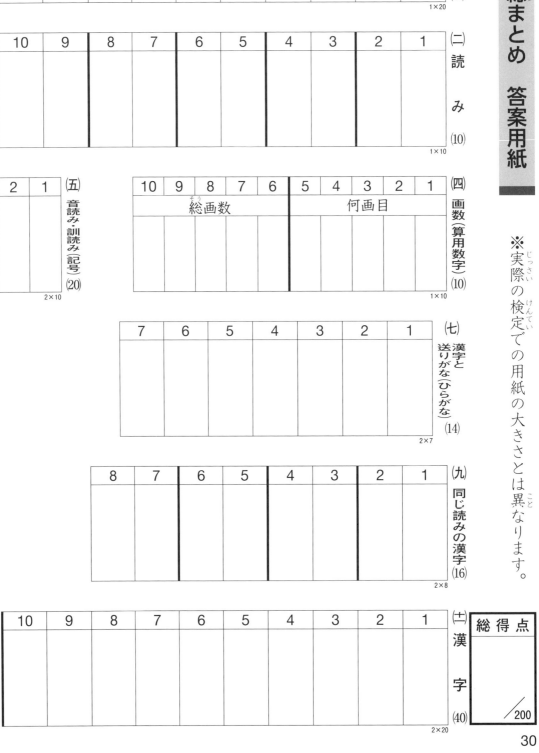

20	19	18	17	16	15	14	13	12	11

（三）漢字えらび（記号）(20)

10	9	8	7	6	5	4	3	2	1

2×10

10	9	8	7	6	5	4	3

（六）対義語《たいぎ》（一字）(10)

5	4	3	2	1

2×5

（八）同じ部首の漢字 (20)

ウ				イ			ア		
10	9	8	7	6	5	4	3	2	1

2×10

（十）じゅく語作り（記号）(20)

五		四		三		二		一	
10	9	8	7	6	5	4	3	2	1

2×10

20	19	18	17	16	15	14	13	12	11

漢字って楽しい！

漢字の歴史《れきし》は三千年以上《いじょう》ともいわれています。
最初《さいしょ》は、簡単《かんたん》な絵文字でした。
そのうち、それらを組み合わせて、新しい漢字が作られたのです。
一字一字の漢字に歴史がある、そう思うと、漢字の学習が楽しくなってきませんか。

「漢検」級別 主な出題内容

10級 …対象漢字数 80字
漢字の読み／漢字の書取／筆順・画数

9級 …対象漢字数 240字
漢字の読み／漢字の書取／筆順・画数

8級 …対象漢字数 440字
漢字の読み／漢字の書取／部首・部首名／筆順・画数／送り仮名／対義語／同じ漢字の読み

7級 …対象漢字数 642字
漢字の読み／漢字の書取／部首・部首名／筆順・画数／送り仮名／対義語／同音異字／三字熟語

6級 …対象漢字数 835字
漢字の読み／漢字の書取／部首・部首名／筆順・画数／送り仮名／対義語・類義語／同音・同訓異字／三字熟語／熟語の構成

5級 …対象漢字数 1026字
漢字の読み／漢字の書取／部首・部首名／筆順・画数／送り仮名／対義語・類義語／同音・同訓異字／誤字訂正／四字熟語／熟語の構成

4級 …対象漢字数 1339字
漢字の読み／漢字の書取／部首・部首名／送り仮名／対義語・類義語／同音・同訓異字／誤字訂正／四字熟語／熟語の構成

3級 …対象漢字数 1623字
漢字の読み／漢字の書取／部首・部首名／送り仮名／対義語・類義語／同音・同訓異字／誤字訂正／四字熟語／熟語の構成

準2級 …対象漢字数 1951字
漢字の読み／漢字の書取／部首・部首名／送り仮名／対義語・類義語／同音・同訓異字／誤字訂正／四字熟語／熟語の構成

2級 …対象漢字数 2136字
漢字の読み／漢字の書取／部首・部首名／送り仮名／対義語・類義語／同音・同訓異字／誤字訂正／四字熟語／熟語の構成

準1級 …対象漢字数 約3000字
漢字の読み／漢字の書取／故事・諺／対義語・類義語／同音・同訓異字／誤字訂正／四字熟語

1級 …対象漢字数 約6000字
漢字の読み／漢字の書取／故事・諺／対義語・類義語／同音・同訓異字／誤字訂正／四字熟語

※ここに示したのは出題分野の一例です。毎回すべての分野から出題されるとは限りません。また、このほかの分野から出題されることもあります。

日本漢字能力検定採点基準 最終改定：平成25年4月1日

❶ 採点の対象
筆画を正しく、明確に書かれた字を採点の対象とし、くずした字や、乱雑に書かれた字は採点の対象外とする。

❷ 字種・字体
① 2～10級の解答は、内閣告示「常用漢字表」(平成二十二年)による。ただし、旧字体での解答は正答とは認めない。
② 1級および準1級の解答は、『漢検要覧 1／準1級対応』(公益財団法人日本漢字能力検定協会発行)に示す「標準字体」「許容字体」「旧字体一覧表」による。

❸ 読み
① 2～10級の解答は、内閣告示「常用漢字表」(平成二十二年)による。
② 1級および準1級の解答には、①の規定は適用しない。

❹ 仮名遣い
仮名遣いは、内閣告示「現代仮名遣い」による。

❺ 送り仮名
送り仮名は、内閣告示「送り仮名の付け方」による。

❻ 部首
部首は、『漢検要覧 2～10級対応』(公益財団法人日本漢字能力検定協会発行)収録の「部首一覧表と部首別の常用漢字」による。

❼ 筆順
筆順の原則は、文部省編『筆順指導の手びき』(昭和三十三年)による。常用漢字一字一字の筆順は、『漢検要覧 2～10級対応』収録の「常用漢字の筆順一覧」による。

❽ 合格基準

級	満点	合格
1級／準1級／2級	二〇〇点	八〇％程度
準2級／3級／4級／5級／6級／7級	二〇〇点	七〇％程度
8級／9級／10級	一五〇点	八〇％程度

※部首、筆順は『漢検 漢字学習ステップ』など公益財団法人日本漢字能力検定協会発行図書でも参照できます。

日本漢字能力検定審査基準

10級

程度　小学校第１学年の学習漢字を理解し、文や文章の中で使える。

領域・内容

《読むことと書くこと》　小学校学年別漢字配当表の第１学年の学習漢字を読み、書くことができる。

《筆順》　点画の長短、接し方や交わり方、筆順および総画数を理解している。

9級

程度　小学校第２学年までの学習漢字を理解し、文や文章の中で使える。

領域・内容

《読むことと書くこと》　小学校学年別漢字配当表の第２学年までの学習漢字を読み、書くことができる。

《筆順》　点画の長短、接し方や交わり方、筆順および総画数を理解している。

8級

程度　小学校第３学年までの学習漢字を理解し、文や文章の中で使える。

領域・内容

《読むことと書くこと》　小学校学年別漢字配当表の第３学年までの学習漢字を読み、書くことができる。

- 音読みと訓読みとを理解していること
- 送り仮名に注意して正しく書けること（食べる、楽しい、後ろ　など）
- 対義語の大体を理解していること（勝つ―負ける、重い―軽い　など）
- 同音異字を理解していること（反対、体育、期待、太陽　など）

《筆順》　筆順、総画数を正しく理解している。

《部首》　主な部首を理解している。

7級

程度　小学校第４学年までの学習漢字を理解し、文章の中で正しく使える。

領域・内容

《読むことと書くこと》　小学校学年別漢字配当表の第４学年までの学習漢字を読み、書くことができる。

- 音読みと訓読みとを正しく理解していること
- 送り仮名に注意して正しく書けること（等しい、短い、流れる　など）
- 熟語の構成を知っていること
- 対義語の大体を理解していること（入学―卒業、成功―失敗　など）
- 同音異字を理解していること（健康、高校、公共、外交　など）

《筆順》　筆順、総画数を正しく理解している。

《部首》　部首を理解している。

6級

程度　小学校第5学年までの学習漢字を理解し、文章の中で漢字が果たしている役割を知り、正しく使える。

領域・内容

《読むことと書くこと》　小学校学年別漢字配当表の第5学年までの学習漢字を読み、書くことができる。

- 音読みと訓読みとを正しく理解していること
- 送り仮名や仮名遣いに注意して正しく書けること（求める、失うなど）
- 熟語の構成を知っていること（上下、絵画、大木、読書、不明　など）
- 対義語、類義語の大体を理解していること（禁止―許可、平等―均等など）
- 同音・同訓異字を正しく理解していること

《筆順》　筆順、総画数を正しく理解している。

《部首》　部首を理解している。

5級

程度　小学校第6学年までの学習漢字を理解し、文章の中で漢字が果たしている役割に対する知識を身に付け、漢字を文章の中で適切に使える。

領域・内容

《読むことと書くこと》　小学校学年別漢字配当表の第6学年までの学習漢字を読み、書くことができる。

- 音読みと訓読みとを正しく理解していること
- 送り仮名や仮名遣いに注意して正しく書けること
- 熟語の構成を知っていること
- 対義語、類義語を正しく理解していること
- 同音・同訓異字を正しく理解していること

《四字熟語》　四字熟語を正しく理解している（有名無実、郷土芸能　など）。

《筆順》　筆順、総画数を正しく理解している。

《部首》　部首を理解し、識別できる。

4級

程度　常用漢字のうち約1300字を理解し、文章の中で適切に使える。

領域・内容

《読むことと書くこと》　小学校学年別漢字配当表のすべての漢字と、その他の常用漢字約300字の読み書きを習得し、文章の中で適切に使える。

- 音読みと訓読みとを正しく理解していること
- 送り仮名や仮名遣いに注意して正しく書けること
- 熟語の構成を正しく理解していること
- 熟字訓、当て字を理解していること（小豆／あずき、土産／みやげなど）
- 対義語、類義語、同音・同訓異字を正しく理解していること

《四字熟語》　四字熟語を理解している。

《部首》　部首を識別し、漢字の構成と意味を理解している。

3級

程度　常用漢字のうち約1600字を理解し、文章の中で適切に使える。

領域・内容

《読むことと書くこと》　小学校学年別漢字配当表のすべての漢字と、その他の常用漢字約600字の読み書きを習得し、文章の中で適切に使える。

- 音読みと訓読みとを正しく理解していること
- 送り仮名や仮名遣いに注意して正しく書けること
- 熟語の構成を正しく理解していること
- 熟字訓、当て字を理解していること（乙女／おとめ、風邪／かぜ　など）
- 対義語、類義語、同音・同訓異字を正しく理解していること

《四字熟語》　四字熟語を理解している。

《部首》　部首を識別し、漢字の構成と意味を理解している。

※常用漢字とは、平成22年（2010年）11月30日付内閣告示による「常用漢字表」に示された2136字をいう。

準2級

程度　常用漢字のうち1951字を理解し、文章の中で適切に使える。

領域・内容

《読むことと書くこと》　1951字の漢字の読み書きを習得し、文章の中で適切に使える。

- 音読みと訓読みとを正しく理解していること
- 送り仮名や仮名遣いに注意して正しく書けること
- 熟語の構成を正しく理解していること
- 熟字訓、当て字を理解していること（硫黄／いおう、相撲／すもう　など）
- 対義語、類義語、同音・同訓異字を正しく理解していること

《四字熟語》　典拠のある四字熟語を理解している（驚天動地、孤立無援　など）。

《部首》　部首を識別し、漢字の構成と意味を理解している。

※1951字とは、昭和56年（1981年）10月1日付内閣告示による旧「常用漢字表」の1945字から「勺」「錘」「銑」「脹」「匁」の5字を除いたものに、現行の「常用漢字表」のうち、「茨」「媛」「岡」「熊」「埼」「鹿」「栃」「奈」「梨」「阪」「阜」の11字を加えたものを指す。

2級

程度　すべての常用漢字を理解し、文章の中で適切に使える。

領域・内容

《読むことと書くこと》　すべての常用漢字の読み書きに習熟し、文章の中で適切に使える。

- 音読みと訓読みとを正しく理解していること
- 送り仮名や仮名遣いに注意して正しく書けること
- 熟語の構成を正しく理解していること
- 熟字訓、当て字を理解していること（海女／あま、玄人／くろうと　など）
- 対義語、類義語、同音・同訓異字などを正しく理解していること

《四字熟語》　典拠のある四字熟語を理解している（鶏口牛後、呉越同舟　など）。

《部首》　部首を識別し、漢字の構成と意味を理解している。

準1級

程度　常用漢字を含めて、約3000字の漢字の音・訓を理解し、文章の中で適切に使える。

領域・内容

《読むことと書くこと》　常用漢字の音・訓を含めて、約3000字の漢字の読み書きに慣れ、文章の中で適切に使える。

- 熟字訓、当て字を理解していること
- 対義語、類義語、同音・同訓異字などを理解していること
- 国字を理解していること（峠、凧、畠　など）
- 複数の漢字表記について理解していること（國―国、交叉―交差　など）

《四字熟語・故事・諺》　典拠のある四字熟語、故事成語・諺を正しく理解している。

《古典的文章》　古典的文章の中での漢字・漢語を理解している。

※約3000字の漢字は、JIS第一水準を目安とする。

1級

程度　常用漢字を含めて、約6000字の漢字の音・訓を理解し、文章の中で適切に使える。

領域・内容

《読むことと書くこと》　常用漢字の音・訓を含めて、約6000字の漢字の読み書きに慣れ、文章の中で適切に使える。

- 熟字訓、当て字を理解していること
- 対義語、類義語、同音・同訓異字などを理解していること
- 国字を理解していること（怺える、毟る　など）
- 地名・国名などの漢字表記（当て字の一種）を知っていること
- 複数の漢字表記について理解していること（鹽―塩、颱風―台風　など）

《四字熟語・故事・諺》　典拠のある四字熟語、故事成語・諺を正しく理解している。

《古典的文章》　古典的文章の中での漢字・漢語を理解している。

※約6000字の漢字は、JIS第一・第二水準を目安とする。

※常用漢字とは、平成22年（2010年）11月30日付内閣告示による「常用漢字表」に示された2136字をいう。

個人受検の申し込みについて　申し込みから合否の通知まで

1 受検級を決める

受検資格　制限はありません
実施級　1、準1、2、準2、3、4、5、6、7、8、9、10級
検定会場　全国主要都市約170か所に設置
（実施地区は検定の回ごとに決定）

2 検定に申し込む

● **インターネットで申し込む**
ホームページ https://www.kanken.or.jp/ から申し込む
（クレジットカード決済、コンビニ決済等が可能です）。

下記バーコードから日本漢字能力検定協会ホームページへ簡単にアクセスできます。

● **コンビニエンスストアで申し込む**
・ローソン「Loppi」
・セブン-イレブン「マルチコピー」
・ファミリーマート「Famiポート」
・ミニストップ「MINISTOP Loppi」
検定料は各店舗のレジカウンターで支払う。

● **取扱書店（大学生協含む）を利用する**
取扱書店（大学生協含む）で検定料を支払い、願書と書店払込証書を協会へ郵送する。

● **取扱新聞社などへ申し込む**
取扱新聞社で検定料を支払い、願書を渡す。

注意

①家族・友人と同じ会場での受検を希望する方は次の手続きをお願いします。
［取扱書店・取扱新聞社での申し込みの場合］
　願書等を1つの封筒に同封してください。
［インターネット、コンビニエンスストアでの申し込みの場合］
　検定料のお支払い完了後、申込締切日の3営業日後までに協会（お問い合わせフォーム）までお知らせください。

②車いすで受検される方や、身体的・精神的な理由で配慮が必要な方は、申込締切日までに協会（お問い合わせフォーム）までご相談ください（申込締切日以降のお申し出には対応できかねます）。

③検定料を支払われた後は、受検級・受検地を含む内容変更および取り消し・返金は、いかなる場合もできません。また、次回以降の振り替え、団体受検や漢検CBTへの変更もできません。

3 受検票が届く

● 受検票は検定日の約1週間前にお届けします。4日前になっても届かない場合、協会までお問い合わせください。

お問い合わせ窓口

電話番号　フリーコール　**0120-509-315**（無料）
（海外からはご使用になれません。ホームページよりメールでお問い合わせください。）

お問い合わせ時間　月～金　9時00分～17時00分
（祝日・お盆・年末年始を除く）
※検定日とその前日の土、日は開設
※検定日と申込締切日は9時00分～18時00分

4 検定日当日

検定時間

2級 ：10時00分～11時00分（60分間）
準2級 ：11時50分～12時50分（60分間）
8・9・10級 ：11時50分～12時30分（40分間）
1・3・5・7級：13時40分～14時40分（60分間）
準1・4・6級：15時30分～16時30分（60分間）

持ち物

受検票、鉛筆（HB、B、2Bの鉛筆またはシャープペンシル）、消しゴム
※ボールペン、万年筆などの使用は認められません。ルーペ持ち込み可。

注意

①会場への車での来場（送迎を含む）は、周辺の迷惑になりますのでご遠慮ください。
②検定開始時刻の15分前を目安に受検教室までお越しください。答案用紙の記入方法などを説明します。
③携帯電話やゲーム、電子辞書などは、電源を切り、かばんにしまってから入場してください。
④検定中は受検票を机の上に置いてください。
⑤答案用紙には、あらかじめ名前や受検番号などが印字されています。
⑥検定日の約5日後に漢検ホームページにて標準解答を公開します。

5 合否の通知

検定日の約40日後に、受検者全員に「検定結果通知」を郵送します。合格者には「合格証書」・「合格証明書」を同封します。欠席者には検定問題と標準解答をお送りします。
受検票は検定結果が届くまで大切に保管してください。

注目

進学・就職に有利！ 合格者全員に合格証明書発行

大学・短大の推薦入試の提出書類に、また就職の際の履歴書に添付してあなたの漢字能力をアピールしてください。合格者全員に、合格証書と共に合格証明書を2枚、無償でお届けいたします。

合格証明書が追加で必要な場合は有償で再発行できます。

次の❶～❹を同封して、協会までお送りください。約1週間後、お手元にお届けします。

❶合格証明書再発行依頼書（漢検ホームページよりダウンロード可能）もしくは氏名・住所・電話番号・生年月日、および受検年月日・受検級・認証番号（合格証書の左上部に記載）を明記したもの
❷本人確認資料（学生証、運転免許証、健康保険証など）のコピー
❸住所・氏名を表に明記し切手を貼《は》った返信用封筒
❹証明書1枚につき発行手数料として500円の定額小為替

団体受検の申し込み

学校や企業などで志願者が一定以上まとまると、団体申込ができ、自分の学校や企業内で受検できる制度もあります。団体申込を扱っているかどうかは先生や人事関係の担当者に確認してください。

「漢検」受検の際の注意点

【字の書き方】

問題の答えは楷書で大きくはっきり書きなさい。乱雑な字や続け字、また、行書体や草書体のようにくずした字は採点の対象とはしません。

特に漢字の書き取り問題では、答えの文字は教科書体をもとにして、はねるところ、とめるところなどもはっきり書きましょう。また、画数に注意して、一画一画を正しく、明確に書きなさい。

《例》

○熱　×熱

○言　×言

○糸　×糸

【字種・字体について】

(1)日本漢字能力検定2～10級においては、「常用漢字表」に示された字種で書きなさい。つまり、表外漢字（常用漢字表にない漢字）を用いると、正答とは認められません。

《例》

○交差点　×交叉点　（「叉」が表外漢字）

○寂しい　×淋しい　（「淋」が表外漢字）

(2)日本漢字能力検定2～10級においては、「常用漢字表」に示された字体で書きなさい。なお、「常用漢字表」に参考として示されている康熙《こうき》字典体など、旧字体と呼ばれているものを用いると、正答とは認められません。

《例》

○真　×眞

○渉　×涉

○飲　×飮

○迫　×迫

○弱　×弱

(3)一部例外として、平成22年告示「常用漢字表」で追加された字種で、許容字体として認められているものや、その筆写文字と印刷文字との差が習慣の相違に基づくとみなせるものは正答と認めます。

《例》

餌 → 餌　と書いても可

遜 → 遜　と書いても可

葛 → 葛　と書いても可

溺 → 溺　と書いても可

箸 → 箸　と書いても可

注意

(3)において、どの漢字が当てはまるかなど、一字一字については、当協会発行図書（2級対応のもの）掲載の漢字表で確認してください。

公益財団法人 日本漢字能力検定協会

改訂四版

漢検 漢字学習 ステップ 7級

漢検

ワイド版

漢検 公益財団法人 日本漢字能力検定協会

もくじ

本書の使い方

日本漢字能力検定《のうりょくけんてい》(漢検)7級は、小学校4年生で学習する漢字二〇二字を中心に、それまでに学習する漢字をふくめた読み・書き、使い方などが出題されます。本書はその二〇二字を、**漢字表・練習問題**からなる25ステップに分けてあります。

また、復習《ふくしゅう》と確認《かくにん》ができるように5ステップごとに**力だめし**を設《もう》けてあります。最後の**総《そう》まとめ**は審《しん》査基準《さきじゅん》に則《そく》した出題形式で模擬試験《もぎしけん》としてご利用いただけます。

さらに付録《ふろく》として、「学年別《べつ》漢字配当表」や「常用《じょうよう》漢字表 付表」などの資料《しりょう》ものせてあります。

漢検の主な出題内容《ないよう》は「日本漢字能力検定審査基準」「日本漢字能力検定採点《さいてん》基準」(いずれも本書巻《かん》頭《とう》カラー口絵に掲載《けいさい》)等で確認してください。

一 漢字表

覚《おぼ》えておきたい項目をチェック

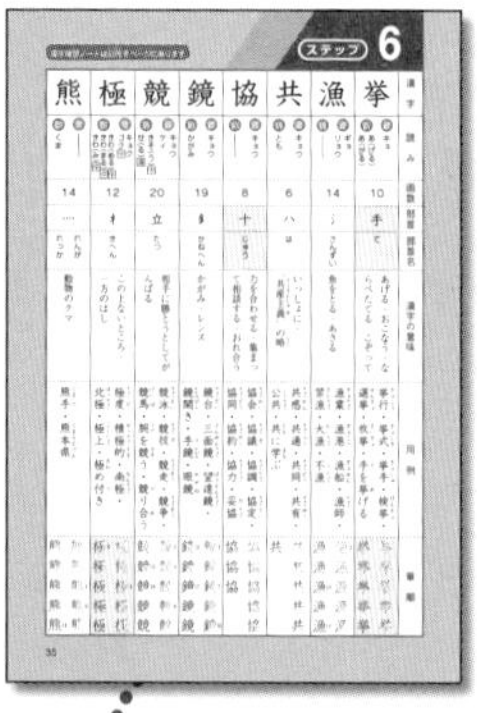

ステップごとにしっかり学習

ステップ1回分(漢字表+練習問題)

二 練習問題

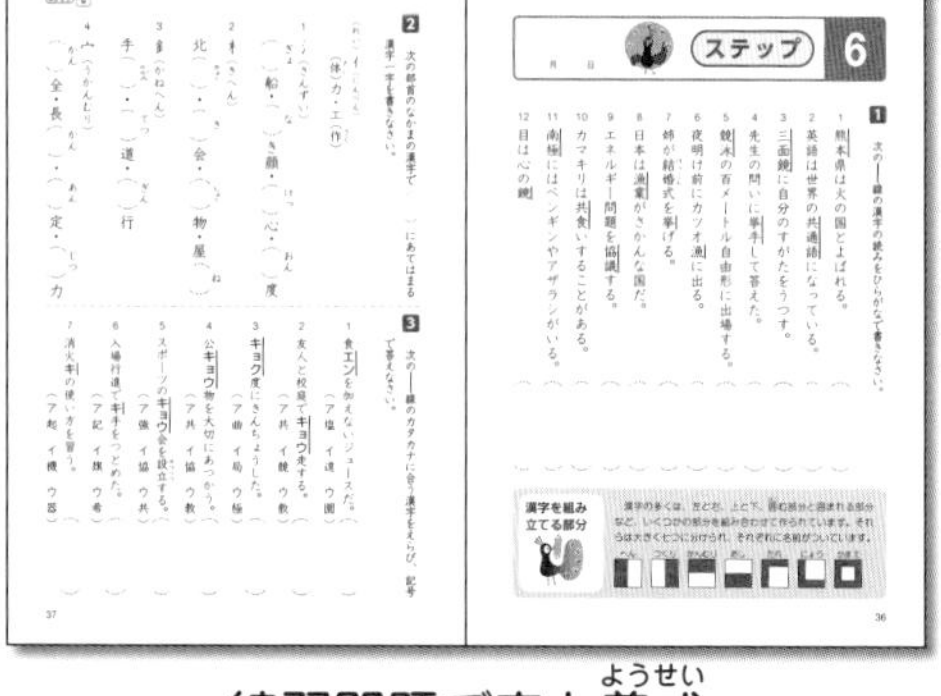

練習問題で実力養成《ようせい》

三 力だめし

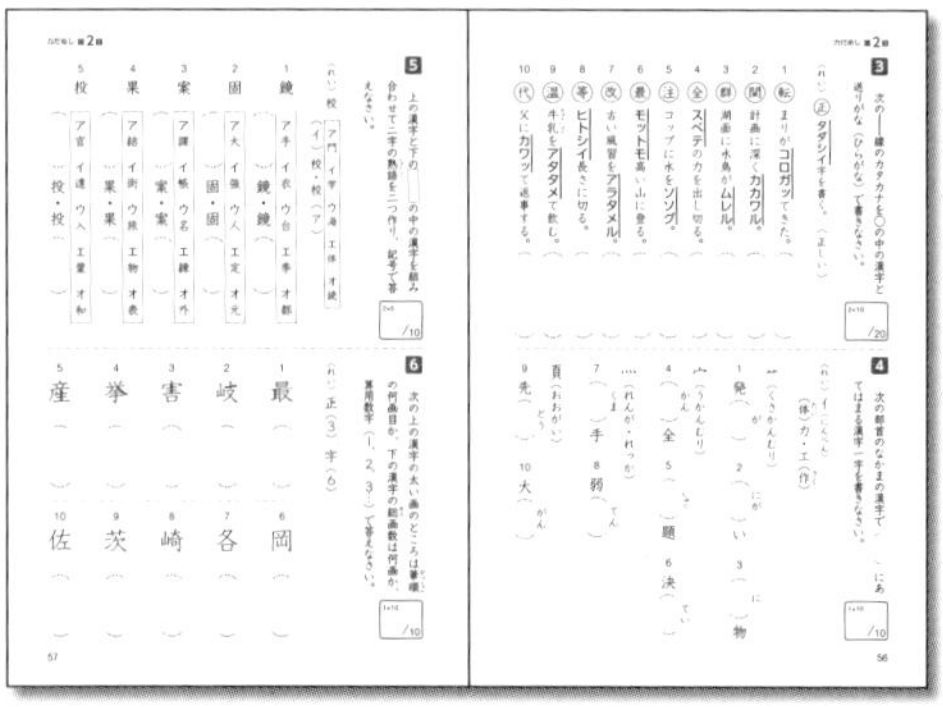

5ステップごとに

成果《せいか》を確認

四 総まとめ

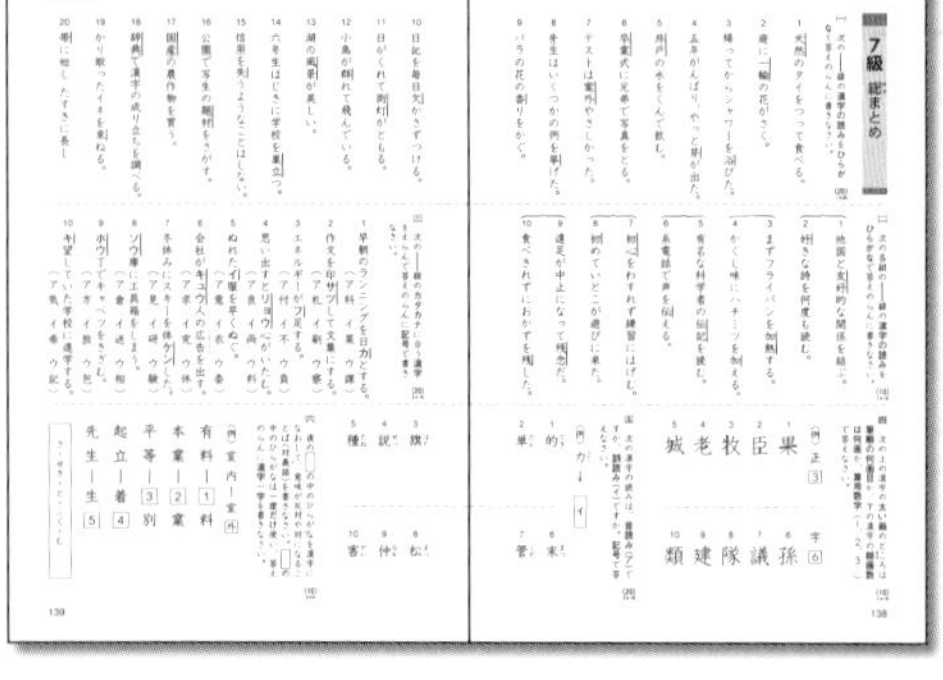

一 漢字表

1ステップの学習漢字数は7~9字です。漢字表には、それぞれの漢字について覚えておきたい項目《こうもく》が整理されています。漢字表の内容を確認してから、練習問題に進んでください。

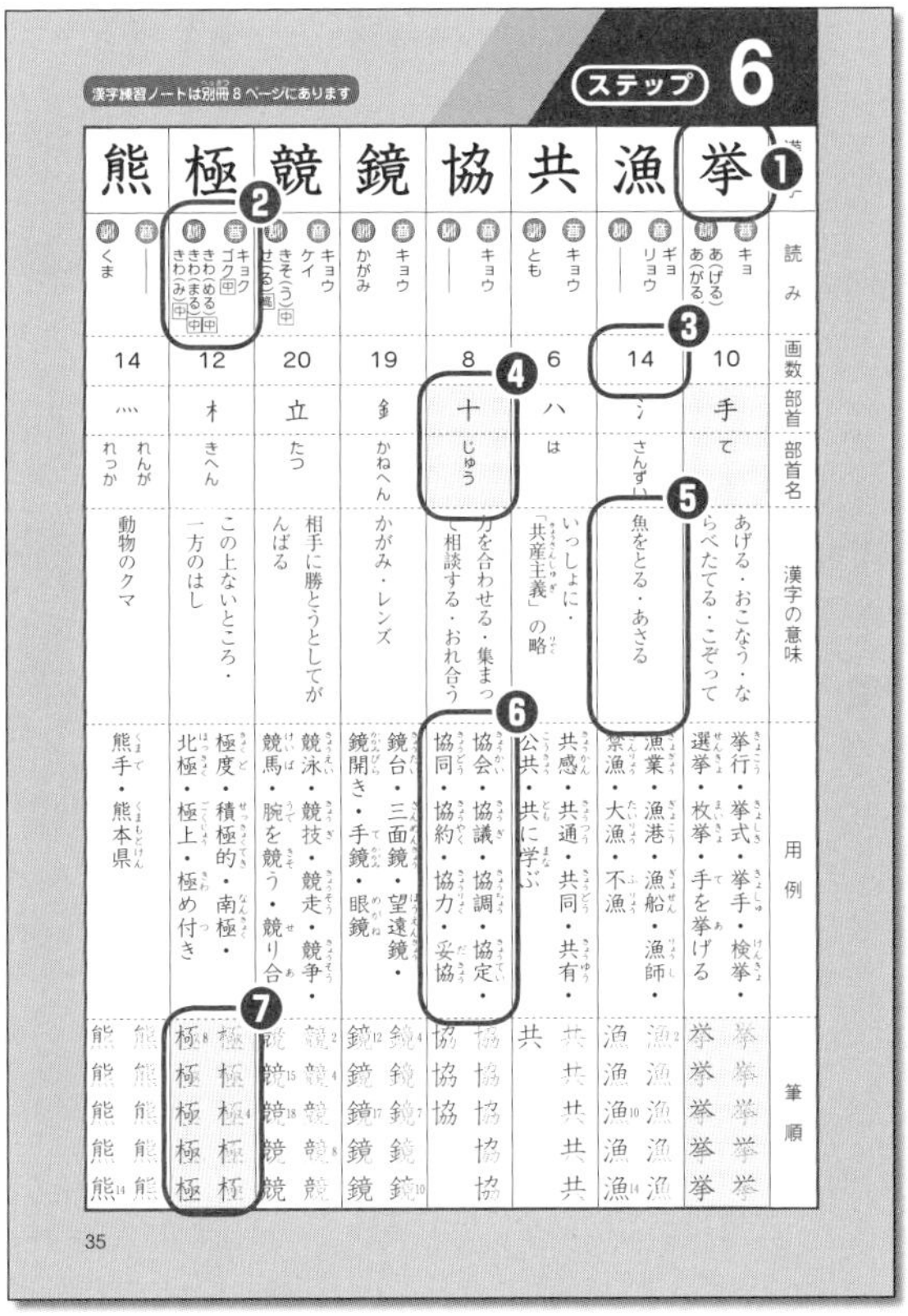

漢字練習ノートは別冊《べっさつ》8ページにあります

ステップ 6

漢字	読み	画数	部首	部首名	漢字の意味	用例
挙 ❶	音 キョ 訓 あ(げる) あ(がる)	10	手	て	あげる・おこなう・ならべたてる・こぞって	挙行《きょこう》・挙式《きょしき》・挙手《きょしゅ》・検挙《けんきょ》・選挙《せんきょ》・枚挙《まいきょ》・手《て》を挙《あ》げる
漁	音 ギョ リョウ 訓 —	14 ❸	氵	さんずい	魚をとる・あさる ❺	漁業《ぎょぎょう》・漁港《ぎょこう》・漁船《ぎょせん》・漁師《りょうし》・禁漁《きんりょう》・大漁《たいりょう》・不漁《ふりょう》
共	音 キョウ 訓 とも	6	八	は	いっしょに・「共産主義《きょうさんしゅぎ》」の略《りゃく》	共感《きょうかん》・共通《きょうつう》・共同《きょうどう》・共有《きょうゆう》・公共《こうきょう》・共《とも》に学《まな》ぶ
協	音 キョウ 訓 —	8	十 ❹	じゅう	力を合わせる・集まって相談する・おれ合う	❻ 協会《きょうかい》・協議《きょうぎ》・協調《きょうちょう》・協定《きょうてい》・協同《きょうどう》・協約《きょうやく》・協力《きょうりょく》・妥協《だきょう》
鏡	音 キョウ 訓 かがみ	19	金	かねへん	かがみ・レンズ	鏡台《きょうだい》・三面鏡《さんめんきょう》・望遠鏡《ぼうえんきょう》・鏡開《かがみびら》き・手鏡《てかがみ》・眼鏡《めがね》
競	音 キョウ ケイ 訓 きそ(う)中 せ(る)高	20	立	たつ	相手に勝とうとしてがんばる	競泳《きょうえい》・競技《きょうぎ》・競走《きょうそう》・競争《きょうそう》・競馬《けいば》・腕《うで》を競《きそ》う・競《せ》り合
極	❷ 音 キョク ゴク中 訓 きわ(める)中 きわ(まる)中 きわ(み)中	12	木	きへん	この上ないところ・一方のはし	極度《きょくど》・積極的《せっきょくてき》・南極《なんきょく》・北極《ほっきょく》・極上《ごくじょう》・極《きわ》め付《つ》き
熊	音 — 訓 くま	14	灬	れんが れっか	動物のクマ	熊手《くまで》・熊本県《くまもとけん》

筆順 ❼

35

❶学習漢字
教科書体で記してあります。ここを参考《さんこう》にして略《りゃく》さずていねいに書くよう心がけましょう。

❷読み
音読みをカタカナで、訓読《くんよ》みをひらがなで示《しめ》してあります。中は中学校で学習する読みで、4級以上《いじょう》で出題対象《たいしょう》となります。高は高校で学習する読みで、準《じゅん》2級以上で出題対象となります。

❸画数
総画数を示しています。

❹部首・部首名
漢検採用のものです。
※赤刷《ず》りになっているところはまちがえやすいものです。注意しましょう。(筆順《ひつじゅん》も同様)

❺意味
漢字の持つ主な意味です。意味を知っていると、漢字の使い分けや熟語《じゅくご》の意味を理解《りかい》しやすくなります。

❻用例
学習漢字を用いた熟語を中心に用例《ようれい》をあげました。赤字で示した読み方や漢字は、7級まででは学習しないものです。

❼筆順
漢字の筆順(書き順)を示してあります。途中《とちゅう》を省略《しょうりゃく》した場合は横に何画目かがわかるように数字をつけてあります。

二 練習問題

各《かく》ステップの問題は、読み・書き取り問題を中心にさまざまな問題で構成《こうせい》されています。

1（読み問題）…音読み・訓《くん》読みを適度《てきど》に配分してあります。

2・3（応用《おうよう》問題）…部首、対義語《たいぎご》・類義語《るいぎご》、筆順《ひつじゅん》・画数などの問題で構成されています。

4（書き取り問題）…答えを3回記入できるように「らん」を設《もう》けています。下の「らん」から書きこんで、2回目・3回目は前の答えをカバーそでの「かくしーと」でかくしながら記入してください。

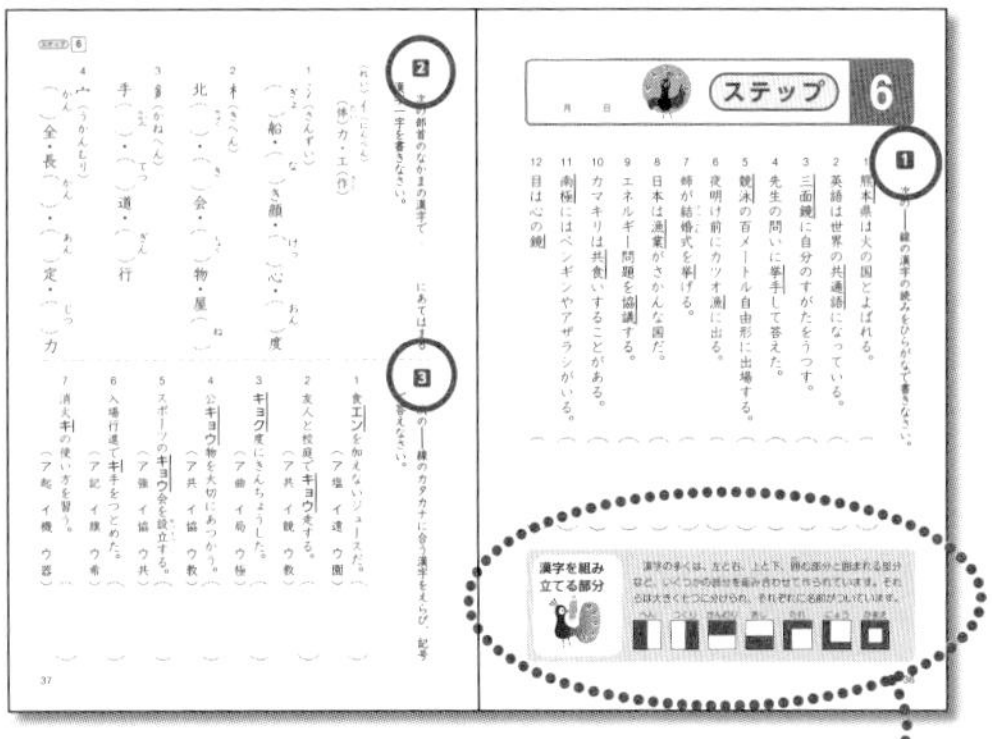

コラム
誤《あやま》りやすい漢字、使い分けなど、漢字全般《ぜんぱん》のことがらをわかりやすく記してあります。

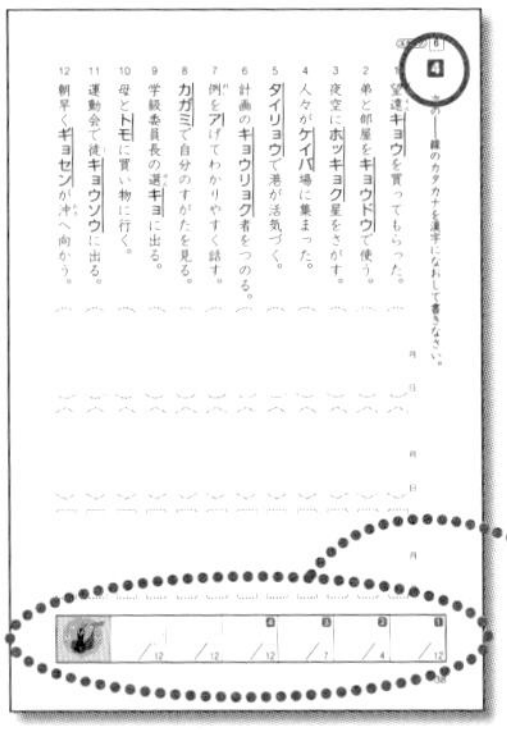

得点《とくてん》を記入します。

別冊 ●標準解答●

標準解答《ひょうじゅんかいとう》は別冊《べっさつ》になっています。答え合わせの際《さい》は解説《かいせつ》「ステップアップメモ」も参考《さんこう》にしてください。

別冊 ●漢字練習ノート●

別冊「漢字練習ノート」の漢字はステップの順番でならんでいます。筆順やトメ・ハネに注意して、ていねいに書くことを心がけましょう。

三 力だめし

5ステップごとに設けてあります。

一〇〇点満点《まんてん》で、自己《じこ》評価《ひょうか》ができますので、小テストとして問題に取り組んでください。

四 総《そう》まとめ

すべてのステップを学習したら、実力確認《かくにん》の問題にチャレンジしてください。

自己採点《さいてん》して、苦手分野は再度《さいど》復習《ふくしゅう》しましょう。

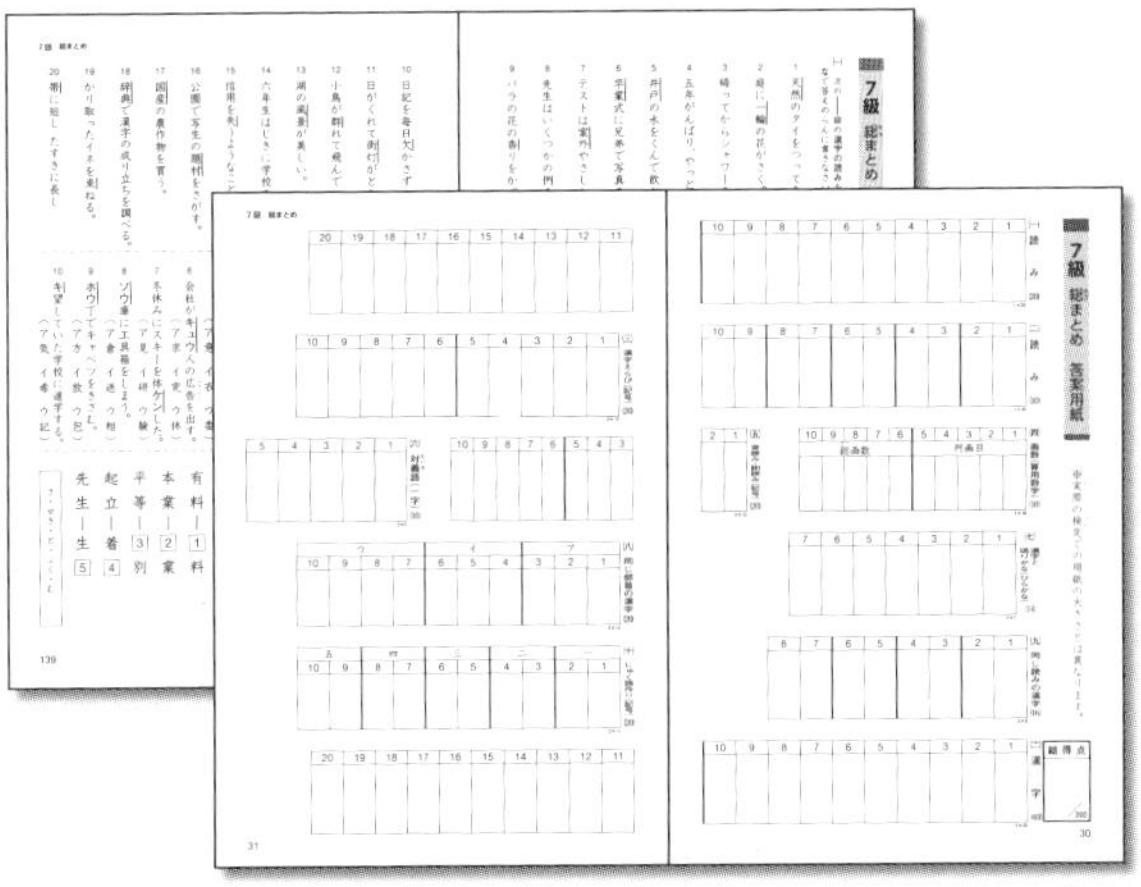

総まとめは別冊「漢字練習ノート」の30・31ページに答案《とうあん》用紙がついています。

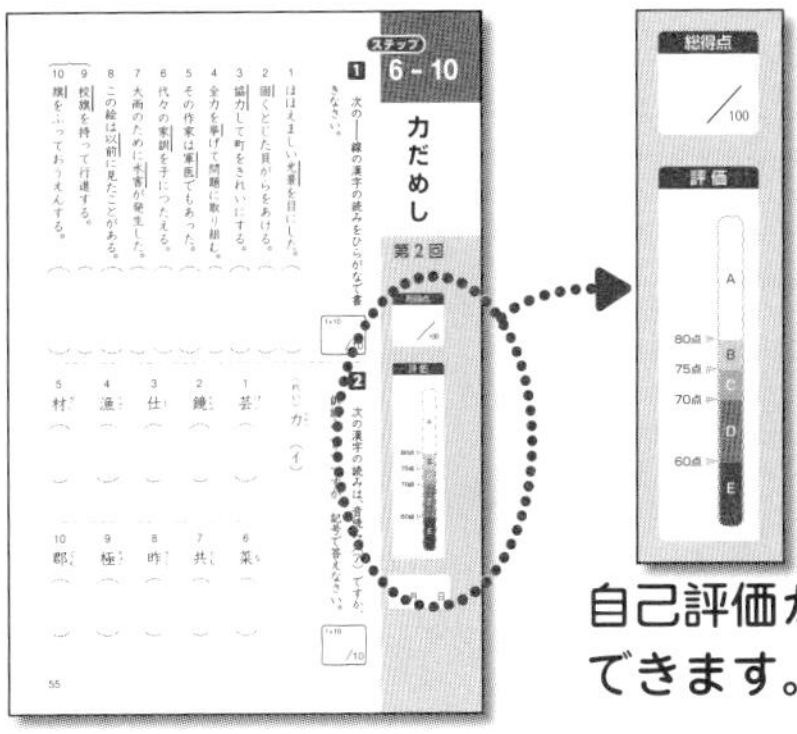

自己評価ができます。

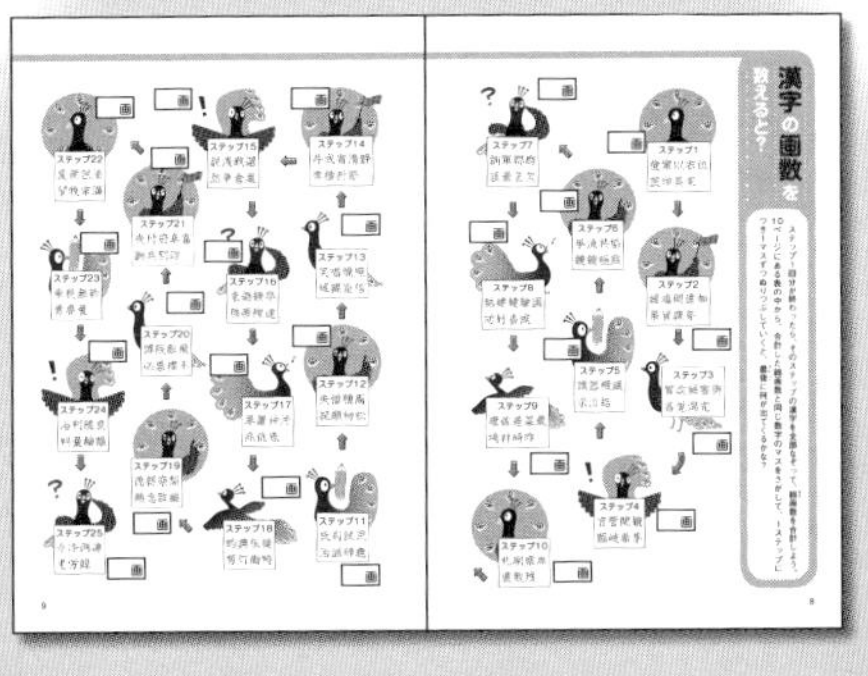

次のページには進行表「漢字の画数を数えると?」があります。

学習の進み具合をチェックしましょう。

クイズであそぼ！

力だめしの後には、楽しいクイズのページがあります。

漢字の画数を数えると？

ステップ1回分が終わったら、そのステップの漢字を全部なぞって、総画数を合計しよう。10ページにある表の中から、合計した総画数と同じ数字のマスをさがして、1ステップにつき1マスずつぬりつぶしていくと、最後《さいご》に何が出てくるかな？

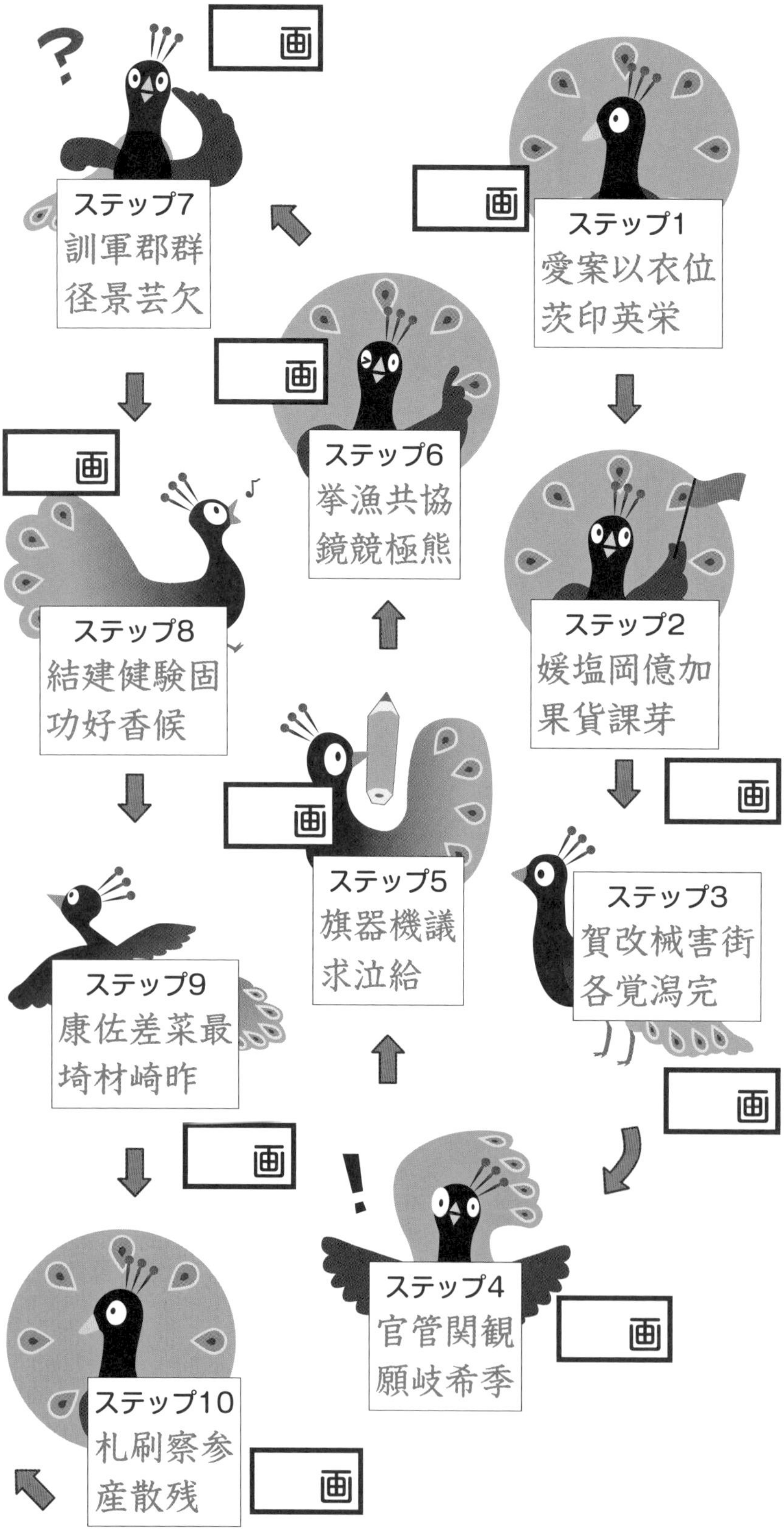

ステップ11
氏司試児
治滋辞鹿
画
ステップ12
失借種周
祝順初松
画
ステップ13
笑唱焼照
城縄臣信
画
ステップ14
井成省清静
席積折節
画
ステップ15
説浅戦選
然争倉巣
画
ステップ16
束側続卒
孫帯隊達
画
ステップ17
単置仲沖
兆低底
画
ステップ18
的典伝徒
努灯働特
画
ステップ19
徳栃奈梨
熱念敗梅
画
ステップ20
博阪飯飛
必票標不
画
ステップ21
夫付府阜富
副兵別辺
画
ステップ22
変便包法
望牧末満
画
ステップ23
未民無約
勇要養
画
ステップ24
浴利陸良
料量輪類
画
ステップ25
令冷例連
老労録
画

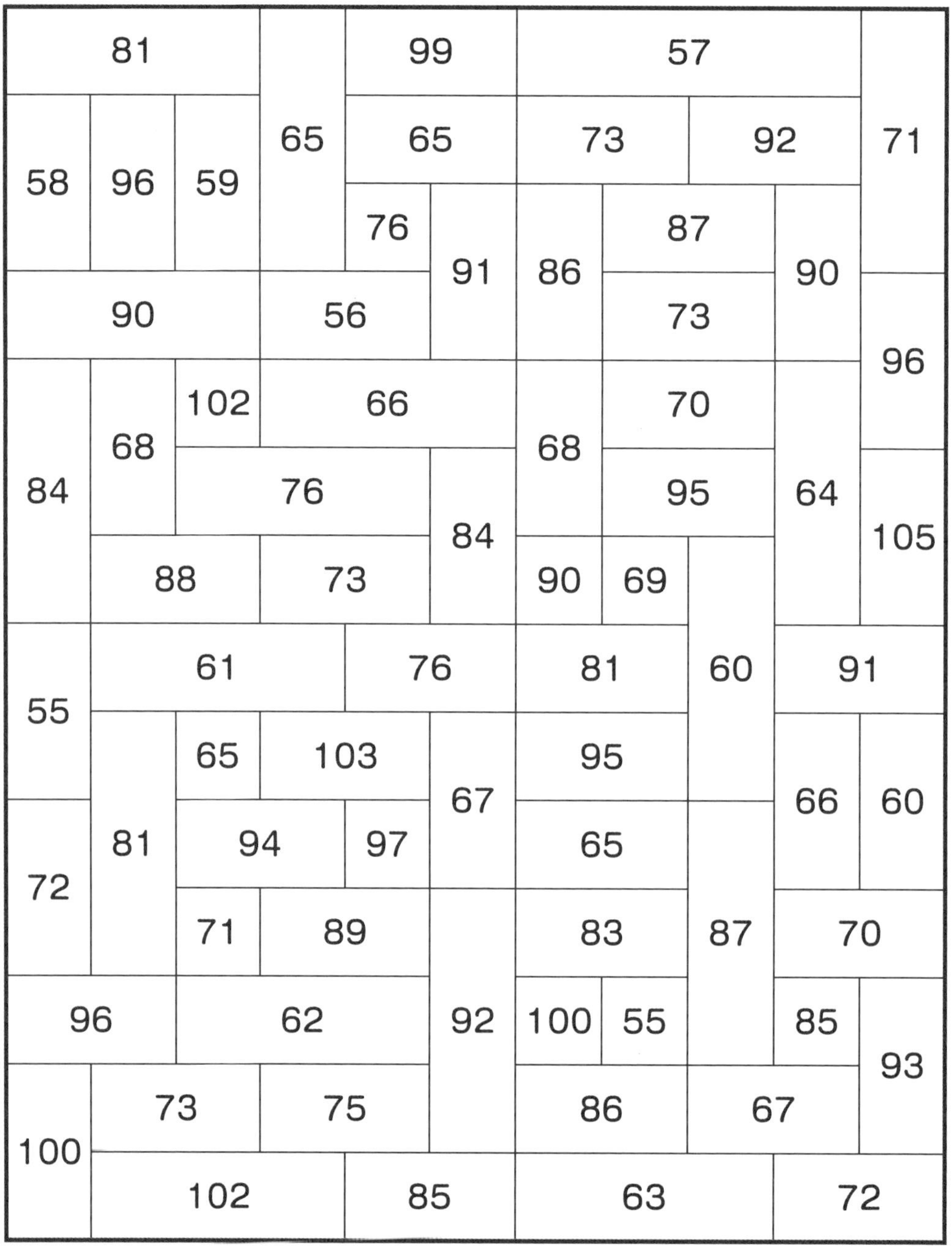

答えは 別冊《べっさつ》標準《ひょうじゅん》解答《かいとう》 22 ページ

ステップ 1

漢字	読み	画数	部首	部首名	漢字の意味	用例	筆順
愛	音 アイ 訓 ―	13	心	こころ	かわいがる・このむ・心をひかれる	愛犬《あいけん》・愛唱《あいしょう》・愛情《あいじょう》・愛鳥《あいちょう》・愛読書《あいどくしょ》・親愛《しんあい》・愛媛県《えひめけん》	愛 愛 愛 愛 愛 6 愛 8 愛 10 愛 愛 愛
案	音 アン 訓 ―	10	木	き	考える・心配する・下書き	案外《あんがい》・案内《あんない》・思案《しあん》・新案《しんあん》・図案《ずあん》・提案《ていあん》・答案《とうあん》・名案《めいあん》	案 案 案 案 案 案 案 案 案 案
以	音 イ 訓 ―	5	人	ひと	言葉の上について「…より」の意味を表す	以降《いこう》・以上《いじょう》・以心伝心《いしんでんしん》・以前《いぜん》	以 以 以 以 以
衣	音 イ 訓 ころも 中	6	衣	ころも	からだにきるもの	衣食住《いしょくじゅう》・衣服《いふく》・衣類《いるい》・着衣《ちゃくい》・白衣《はくい》・羽衣《はごろも》	衣 衣 衣 衣 衣 衣
位	音 イ 訓 くらい	7	亻	にんべん	場所・身分・数のくらい・人をうやまう言い方	位置《いち》・順位《じゅんい》・水位《すいい》・単位《たんい》・方位《ほうい》・位《くらい》が高《たか》い	位 位 位 位 位 位 位
茨	音 ― 訓 いばら	9	艹	くさかんむり	いばら・とげのある低《てい》木《ぼく》・屋根をふく	茨《いばら》の道《みち》・茨城県《いばらきけん》	茨 茨 茨 茨 茨 茨 茨 茨 茨
印	音 イン 訓 しるし	6	卩	わりふ ふしづくり	はんこ・版《はん》で刷《す》る・しるし・心に残《のこ》る	印刷《いんさつ》・印字《いんじ》・印象《いんしょう》・消印《けしいん》・実印《じついん》・調印《ちょういん》・目印《めじるし》・矢印《やじるし》	印 印 印 印 印 印
英	音 エイ 訓 ―	8	艹	くさかんむり	人なみすぐれる・イギリスの略《りゃく》	英会話《えいかいわ》・英語《えいご》・英才《えいさい》・英断《えいだん》・英雄《えいゆう》・俊英《しゅんえい》	英 英 英 英 英 英 英 英
栄	音 エイ 訓 さか(える) は(え) 高 は(える) 高	9	木	き	さかんになる・ほまれ・さかんにする	栄枯《えいこ》・栄光《えいこう》・栄養《えいよう》・繁栄《はんえい》・出来栄《できば》え・町《まち》が栄《さか》える	栄 栄 栄 栄 栄 栄 栄 栄 栄

ステップ 1

月　日

1 次の――線の漢字の読みをひらがなで書きなさい。

1 数は十倍すると位が一つ上がる。

2 友だちを公園に案内した。

3 お医者さんが白衣を着る。

4 室温を十八度以上にたもつ。

5 愛用のグローブで野球をする。

6 兄は英語を上手に話す。

7 優勝《ゆうしょう》して栄光を手にする。

8 長雨で川の水位が上がった。

9 進む方向を矢印でしめす。

10 茨のとげが指にささる。

11 学級新聞を印刷《さつ》する。

12 デパートに衣類《るい》を買いに行く。

漢字はどうやって作られた？

絵はだれにでもわかる表現《ひょうげん》です。そこで人々は、絵によって言葉をつたえることを始めました。もっとも古い文字は絵から作られていったのです。

<れい> 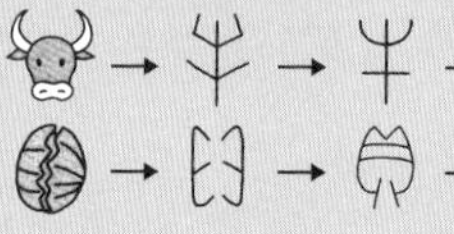 「牛」「貝」

2 上の漢字と下の□の中の漢字を組み合わせて二字の熟語《じゅくご》を二つ作り、記号で答えなさい。

〈れい〉校　ア門　イ学　ウ海　エ体　オ読
（イ）校・校（ア）

1 案　ア外　イ気　ウ黒　エ心　オ名
（　）案・案（　）

2 印　ア漢　イ目　ウ字　エ者　オ食
（　）印・印（　）

3 衣　ア員　イ院　ウ気　エ食　オ着
（　）衣・衣（　）

4 医　ア学　イ返　ウ青　エ白　オ名
（　）医・医（　）

5 愛　ア記　イ鳥　ウ湯　エ病　オ親
（　）愛・愛（　）

3 次の漢字の太い画のところは筆順《ひつじゅん》の何画目か、算用数字（1、2、3…）で答えなさい。

1 愛（　）

2 有（　）

3 茨（　）

4 旅（　）

5 案（　）

6 印（　）

7 庭（　）

8 以（　）

9 英（　）

10 衣（　）

4 次の――線のカタカナを漢字になおして書きなさい。

1 この本はぼくの**アイドク**書だ。
2 食物から**エイ**養《よう》をとる。
3 書類《しょるい》にゴム**イン**をおす。
4 雨でぬれた**イフク**をかわかす。
5 じしゃくで**ホウイ**を調べる。
6 ポスターの**ズアン**を考える。
7 外国人に**エイ**会話を習う。
8 出世して高い**クライ**につく。
9 自分のかさに**シルシ**をつけた。
10 古代の文明が**サカ**える。
11 家の外は予想**イジョウ**の寒さだ。
12 かい主が**アイケン**の世話をする。

月 日

月 日

月 日

［ ］ ／12	〈 〉 ／12	4 （ ） ／12	3 ／10	2 ／5	1 ／12

漢字	読み	画数	部首	部首名	漢字の意味	用例	筆順
媛	音 エン中 訓 ―	12	女	おんなへん	美しい・たおやか・美しい女性《じょせい》・ひめ	才媛《さいえん》・愛媛県《えひめけん》	媛 (6, 9)
塩	音 エン 訓 しお	13	土	つちへん	しお	塩分《えんぶん》・塩味《えんみ》《しおあじ》・食塩《しょくえん》・塩気《しおけ》・塩焼《しおや》き・手塩《てしお》にかける	塩 (5, 8)
岡	音 ― 訓 おか	8	山	やま	おか・小高い土地・そば・かたわら	岡山県《おかやまけん》・静岡県《しずおかけん》・福岡県《ふくおかけん》	岡
億	音 オク 訓 ―	15	亻	にんべん	一万の一万倍・数がひじょうに多いこと	一億《いちおく》・一億人《いちおくにん》・三億《さんおく》・二億年《におくねん》・百億円《ひゃくおくえん》	億 (2, 4, 11, 15)
加	音 カ 訓 くわ(える) くわ(わる)	5	力	ちから	たす・ふやす・なかまになる	加工《かこう》・加算《かさん》・加入《かにゅう》・加熱《かねつ》・参加《さんか》・追加《ついか》・塩《しお》を加《くわ》える	加
果	音 カ 訓 は(たす) は(てる) は(て)	8	木	き	くだもの・できばえ・思いきってする	果実《かじつ》・因果《いんが》・結果《けっか》・効果《こうか》・成果《せいか》・果物《くだもの》・使《つか》い果《は》たす	果
貨	音 カ 訓 ―	11	貝	かいこがい	おかね・商品・価値《かち》をもつ品物	貨車《かしゃ》・貨物《かもつ》・金貨《きんか》・硬貨《こうか》・通貨《つうか》・銅貨《どうか》・百貨店《ひゃっかてん》	貨 (8)
課	音 カ 訓 ―	15	言	ごんべん	わりあてる・なすべき仕事	課題《かだい》・課程《かてい》・課目《かもく》・学課《がっか》・日課《にっか》・放課後《ほうかご》	課 (2, 4, 7, 11)
芽	音 ガ 訓 め	8	艹	くさかんむり	草や木のめ・物事の起こり	麦芽《ばくが》・発芽《はつが》・芽《め》ぶく・新芽《しんめ》・草木《くさき》が芽生《めば》える	芽

月　日

ステップ 2

1 次の——線の漢字の読みをひらがなで書きなさい。

1 愛媛県の特産《とくさん》物はミカンだ。

2 果てしなく海が広がる。

3 岡山県はモモの産地として有名だ。

4 練習の成《せい》果を見せる。

5 塩分のとりすぎに気をつける。

6 町内のサッカーチームに加わる。

7 帰りに百貨店に行って買い物をする。

8 土の中から植物の芽がのびる。

9 アメリカの人口は三億をこえる。

10 スープに塩をひとつまみ入れる。

11 放課後に校庭でリレーの練習をする。

12 新しいメンバーが加入する。

「音音」音楽・「訓訓《くんくん》」子犬

漢字には、音と訓の二つの読み方があります。その昔、漢字が中国からつたわってきたとき、当時の発音を日本人がまねて読んだ読み方が「音」です。「訓」は、その漢字に同じ意味の日本語をあてはめた読み方です。「音楽」は「音」と「楽」のどちらも音読み、「子犬」は「子」と「犬」のどちらも訓読みをする熟語《じゅくご》ですね。

2 次の部首のなかまの漢字で（　）にあてはまる漢字一字を書きなさい。

〈れい〉言（ごんべん）（計《けい》）算・日（記《き》）

1 艹（くさかんむり）（　）《えい》語・（　）《く》心・（　）《に》物・言（　）《ば》

2 木（き）（　）《えい》光・（　）《か》実・図（　）《あん》・農（　）《ぎょう》

3 亻（にんべん）（　）《だい》表・（　）《し》事・百（　）《おく》円・二（　）《ばい》

4 言（ごんべん）（　）《か》題・（　）《ちょう》子・相（　）《だん》

---

3 次の――線の漢字の読みは音読み（ア）ですか、訓読《くん》み（イ）ですか。記号で答えなさい。

1 根《ね》もと（　）
2 根気《こんき》（　）

3 塩味《しおあじ》（　）
4 食塩《しょくえん》（　）

5 加《くわ》える（　）
6 加工《かこう》（　）

7 消印《けしいん》（　）
8 印《しるし》（　）

9 果《は》て（　）
10 結果《けっか》（　）

4 次の——線のカタカナを漢字になおして書きなさい。

1 船で大きなカモツを運ぶ。
2 サルがカジツを飲みこんだ。
3 春になり木々のシンメがのびる。
4 新しくチームにクワわる。
5 朝顔の種《たね》からハツガする。
6 冬休みのカダイは作文だった。
7 今月分のこづかいを使いハたす。
8 木をカコウしていすを作る。
9 ショクエン水の濃《こ》さを調べる。
10 土の中にキンカがうまっていた。
11 日本の人口は一オク人をこえる。
12 青菜《あおな》にシオ

（　　）（　　）（　　）（　　）（　　）（　　）（　　）（　　）（　　）（　　）（　　）（　　）

月　日　月　日　月　日

	1	2	3	4	〈　〉	〔　〕
	／12	／4	／10	（　）／12	／12	／12

漢字練習ノートは別冊《べっさつ》5ページにあります

ステップ 3

漢字	読み	画数	部首	部首名	漢字の意味	用例	筆順
賀	音 ガ 訓 ―	12	貝	かい こがい	いわう・よろこぶ	賀春《がしゅん》・参賀《さんが》・祝賀《しゅくが》・年賀状《ねんがじょう》・佐賀県《さがけん》・滋賀県《しがけん》	賀 賀 賀 賀 賀 賀 賀 賀 10 賀 賀
改	音 カイ 訓 あらた(める) あらた(まる)	7	攵	のぶん ぼくづくり	前のものをやめて新しくする・しらべる	改革《かいかく》・改札《かいさつ》・改正《かいせい》・改定《かいてい》・改良《かいりょう》・更改《こうかい》・日《ひ》を改《あらた》める	改 改 改 改 改 改 改
械	音 カイ 訓 ―	11	木	きへん	しかけ・道具	器械《きかい》・機械《きかい》・器械体操《きかいたいそう》・精密機械《せいみつきかい》	械 械 械 4 械 械 械 械 械 械 械
害	音 ガイ 訓 ―	10	宀	うかんむり	そこなう・わざわい・じゃまをする	害虫《がいちゅう》・公害《こうがい》・水害《すいがい》・百害《ひゃくがい》・無害《むがい》・有害《ゆうがい》・利害《りがい》・冷害《れいがい》	害 害 害 害 害 害 害 害 害 害
街	音 ガイ カイ 中 訓 まち	12	行	ぎょうがまえ ゆきがまえ	まち・まちなか	街頭《がいとう》・街灯《がいとう》・市街地《しがいち》・商店街《しょうてんがい》・街道《かいどう》・街角《まちかど》	街 2 街 街 街 街 街 街 街 11 街 街
各	音 カク 訓 おのおの 高	6	口	くち	めいめい・それぞれ・いろいろ	各位《かくい》・各国《かっこく》・各自《かくじ》・各地《かくち》	各 各 各 各 各 各
覚	音 カク 訓 おぼ(える) さ(ます) さ(める)	12	見	みる	感じとる・目がさめる・はっきりする	覚悟《かくご》・感覚《かんかく》・自覚《じかく》・発覚《はっかく》・覚《おぼ》え書《が》き・目《め》を覚《さ》ます	覚 覚 覚 覚 覚 覚 覚 10 覚 覚 覚
潟	音 ― 訓 かた	15	氵	さんずい	潮《しお》が引くと現《あらわ》れる所・ひがた	干潟《ひがた》・新潟県《にいがたけん》	潟 3 潟 潟 潟 潟 潟 潟 潟 潟 潟 15
完	音 カン 訓 ―	7	宀	うかんむり	すっかり・まったく・おわり・おわる	完結《かんけつ》・完勝《かんしょう》・完成《かんせい》・完全《かんぜん》・完走《かんそう》・完治《かんち》・完敗《かんぱい》・未完《みかん》	完 完 完 完 完 完 完

月　日

ステップ 3

1 次の――線の漢字の読みをひらがなで書きなさい。

1 六時に犬の鳴き声で目が覚めた。

2 列車のダイヤが改正された。

3 街角で友だちとばったり出会う。

4 祝《しゅく》賀の言葉をのべる。

5 器械《き》体操《たいそう》の練習をする。

6 世界各国を旅行する。

7 市街地に新しくバスが通る。

8 改まった言葉づかいであいさつする。

9 新潟県は雪国として知られる。

10 各地で夏祭りが行われる時期だ。

11 病気はまだ完全にはなおっていない。

12 百害あって一利《いちり》なし

ひらがなのお母さんは漢字

「ひらがな」は、漢字の形をくずして作られました。

安→あ→あ　以→い→い

宇→う→う　衣→え→え

於→お→お

2 次の各組の──線の漢字の読みをひらがなで書きなさい。

1 道具を使いやすく改良《りょう》する。（　　）
2 改めてお礼を言う。（　　）

3 雨がふって湖の水位が上がる。（　　）
4 数字の一の位を切りすてる。（　　）

5 街頭えんぜつが行われる。（　　）
6 街は多くの人でにぎわう。（　　）

7 プリンターで文字を印刷《さつ》する。（　　）
8 見学の順路《じゅんろ》を矢印でしめす。（　　）

9 船の汽笛が港にひびく。（　　）
10 口笛をふいて犬をよぶ。（　　）

11 自分のすべきことを自覚する。（　　）
12 王様の役のせりふを覚える。（　　）

3 後の［　］の中のひらがなを漢字になおして、意味が反対や対《つい》になることば（対義《たいぎ》語）を書きなさい。［　］の中のひらがなは一度だけ使い、漢字一字を書きなさい。

〈れい〉室内─室（外）

1 安心─心（　）
2 長所─（　）所
3 下山─（　）山

4 得意《とくい》─（　）手
5 直線─（　）線
6 部分─（　）体

きょく・ぜん・たん・と・にが・ぱい

4 次の――線のカタカナを漢字になおして書きなさい。

1 商店ガイで買い物をする。
2 駅のカイ札口《さつぐち》で待ち合わせる。
3 こわれた機《き》カイを直す。
4 村をスイガイから守る。
5 雨具はカクジで用意しなさい。
6 寒くて指先のカンカクがにぶる。
7 ユウガイな物質《ぶっしつ》を取りのぞく。
8 プラモデルがカン成《せい》した。
9 元旦《がんたん》にネンガ状《じょう》がとどく。
10 メザまし時計の音で起きる。
11 心を入れかえ行いをアラタめる。
12 パソコンの使い方をオボえる。

	月 日	月 日	月 日
1	（ ）	〈 〉	［ ］
2	（ ）	〈 〉	［ ］
3	（ ）	〈 〉	［ ］
4	（ ）	〈 〉	［ ］
5	（ ）	〈 〉	［ ］
6	（ ）	〈 〉	［ ］
7	（ ）	〈 〉	［ ］
8	（ ）	〈 〉	［ ］
9	（ ）	〈 〉	［ ］
10	（ ）	〈 〉	［ ］
11	（ ）	〈 〉	［ ］
12	（ ）	〈 〉	［ ］

1	2	3	4 （ ）	〈 〉	［ ］
／12	／12	／6	／12	／12	／12

ステップ 4

漢字	読み	画数	部首	部首名	漢字の意味	用例
官	音 カン 訓 ―	8	宀	うかんむり	役所・役人・はたらきをもつもの	官庁《かんちょう》・外交官《がいこうかん》・器官《きかん》・警官《けいかん》・長官《ちょうかん》・調査官《ちょうさかん》
管	音 カン 訓 くだ	14	竹	たけかんむり	くだ・ふえ・とりしまる・支配《しはい》する	管楽器《かんがっき》・管理《かんり》・気管《きかん》・血管《けっかん》・水道管《すいどうかん》・保管《ほかん》・手管《てくだ》
関	音 カン 訓 せき かか(わる)	14	門	もんがまえ	出入り口・しかけ・かかわる	関係《かんけい》・関心《かんしん》・関節《かんせつ》・機関《きかん》・関所《せきしょ》・関取《せきとり》・命《いのち》に関《かか》わる
観	音 カン 訓 ―	18	見	みる	よく見る・ながめ・ものの見方	観客《かんきゃく》・観光《かんこう》・観察《かんさつ》・観戦《かんせん》・外観《がいかん》・客観《きゃっかん》・景観《けいかん》・美観《びかん》
願	音 ガン 訓 ねが(う)	19	頁	おおがい	ねがい・いのる・たのむ	願書《がんしょ》・願望《がんぼう》・出願《しゅつがん》・大願《たいがん》・念願《ねんがん》・悲願《ひがん》・幸《しあわ》せを願《ねが》う
岐	音 キ 中 訓 ―	7	山	やまへん	ふたまたに分かれる・枝《えだ》分かれした道	岐路《きろ》・多岐《たき》・分岐《ぶんき》・岐阜県《ぎふけん》
希	音 キ 訓 ―	7	巾	はば	少ない・うすい・ねがう	希求《ききゅう》・希少《きしょう》・希代《きたい》・希薄《きはく》・希望《きぼう》・古希《こき》
季	音 キ 訓 ―	8	子	こ	一年の区分け・ある期間	季語《きご》・季節《きせつ》・雨季《うき》・乾季《かんき》・四季《しき》・冬季《とうき》・年季《ねんき》

筆順

月　日

ステップ 4

1 次の――線の漢字の読みをひらがなで書きなさい。

1 りっぱな外観の家がたつ。

2 この運動公園は市が管理している。

3 出願の手《て》続《つづ》きを進めておく。

4 世界の国々とよい関係をきずく。

5 姉は外交官を目指している。

6 自由と平等を強く希求《きゅう》する。

7 観光バスで寺めぐりをする。

8 新しい季節《せつ》がおとずれる。

9 ここは昔の関所のあとだ。

10 その問題とは何の関わりもない。

11 手練手管で人をだます。

12 世界が平和であるように願う。

カタカナのお母さんも漢字

「カタカナ」は、漢字の一部をとって作られました。カタカナもひらがなと同じく日本人が発明したものです。

阿→阝→ア　伊→亻→イ　宇→宀→ウ
江→工→エ　於→方→オ

2 次の漢字を、総《そう》画数の少ないものから順《じゅん》に書きなさい。

愛・案・以・衣・億・械・官・管・観・願・岐・薬

（　）→（　）→（　）→（　）

（　）→（　）→（　）→（　）

（　）→（　）→（　）→（　）

（　）→（　）→（　）

3 次の――線のカタカナに合う漢字を後の□の中からえらび、記号で答えなさい。□の中の漢字は一度しか使えません。

1 太い血**カン**がうき出ている。（　）

2 ひまわりの生長を**カン**察《さつ》する。（　）

3 けいさつ**カン**に道をたずねる。（　）

4 マラソン大会で**カン**走した。（　）

ア 完　イ 官　ウ 管　エ 観

5 **キ**少価値《かち》のある柱時計だ。（　）

6 **キ**待の新人があらわれた。（　）

7 四**キ**《し》のうつりかわりを楽しむ。（　）

8 号令《ごうれい》とともに**キ**立する。（　）

ア 起　イ 期　ウ 希　エ 季

4 次の――線のカタカナを漢字になおして書きなさい。

1 流れ星に**ネガ**いをかける。
2 **チョウカン**の命令《めいれい》にしたがう。
3 **シキ**おりおりの草花が美しい。
4 その問題には**カカ**わりたくない。
5 勝つことが長年の**ヒガン**だった。
6 水を流すための**クダ**を通す。
7 明日への**キ**望《ぼう》にもえて進む。
8 球場は**カンキャク**でいっぱいだ。
9 水道**カン**の工事が行われる。
10 高校の入学**ガンショ**を出す。
11 世の中の出来事に**カンシン**を持つ。
12 テストでは八十点が**セキ**の山だ。

（　　）〈　　〉［　　］

月　日　月　日　月　日

	[ ]	〈 〉	4 （ ）	3	2	1
!	/12	/12	/12	/8	/12	/12

漢字練習ノートは別冊《べっさつ》7ページにあります

ステップ 5

漢字	読み	画数	部首	部首名	漢字の意味	用例	筆順
旗	音 キ 訓 はた	14	方	ほうへん かたへん	はた	旗手《きしゅ》・校旗《こうき》・国旗《こっき》・旗色《はたいろ》・旗印《はたじるし》・旗《はた》をふる	2 11 7
器	音 キ 訓 うつわ 中	15	口	くち	入れもの・道具・はたらきや才能《さいのう》のあること	器械《きかい》・器具《きぐ》・器用《きよう》・楽器《がっき》・食器《しょっき》・器《うつわ》が大《おお》きい	5 12 15
機	音 キ 訓 はた 中	16	木	きへん	しかけ・はたらき・きっかけ	機会《きかい》・機械《きかい》・機器《きき》・機体《きたい》・機長《きちょう》・飛行機《ひこうき》・機織《はたお》り	4 7 10
議	音 ギ 訓 ――	20	言	ごんべん	話し合う・意見	議案《ぎあん》・議会《ぎかい》・議題《ぎだい》・議論《ぎろん》・異議《いぎ》・会議《かいぎ》・協議《きょうぎ》・不思議《ふしぎ》	7 11 13
求	音 キュウ 訓 もと(める)	7	水	みず	もとめる・ほしがる・さがす	求職《きゅうしょく》・求人《きゅうじん》・希求《ききゅう》・追求《ついきゅう》・助《たす》けを求《もと》める	
泣	音 キュウ 中 訓 な(く)	8	氵	さんずい	何かに感じてなみだが出る	感泣《かんきゅう》・号泣《ごうきゅう》・泣《な》き顔《がお》・大声《おおごえ》で泣《な》く	
給	音 キュウ 訓 ――	12	糸	いとへん	分ける・あたえる・世話をする・手当て	給食《きゅうしょく》・給付《きゅうふ》・給油《きゅうゆ》・給料《きゅうりょう》・月給《げっきゅう》・自給自足《じきゅうじそく》・配給《はいきゅう》	6 11

月　日

ステップ 5

1 次の――線の漢字の読みをひらがなで書きなさい。

1 給食の時間を楽しみにする。
2 姉は手先がとても器用だ。
3 大きな旗をふっておうえんする。
4 花を求めてミツバチがやってくる。
5 機関車が音を立てて動き出す。
6 おさないころ、弟は泣き虫だった。
7 各国の国旗が風ではためいている。
8 書記が学級会の議題を黒板に書く。
9 楽器店でトランペットを買う。
10 求人らんを見てボランティアに加わる。
11 人々に食べ物を配給する。
12 話し合いの機会をもうける。

同じ音読みの漢字

漢字には、同じ音読みをする字がたくさんあります。しかし、意味はみんなちがっています。

<れい>「カ」…下・化・火・加・花・果・科・夏・家・貨・歌・課

「キ」…気・希・汽・季・記・起・帰・期・旗・器・機

2 上の漢字と下の［　］の中の漢字を組み合わせて二字の熟語《じゅくご》を二つ作り、記号で答えなさい。

〈れい〉校 ［ア門　イ学　ウ海　エ体　オ読］
（イ）校・校（ア）

1 観 ［ア希　イ光　ウ助　エ美　オ命］
（　）観・観（　）

2 器 ［ア芽　イ改　ウ具　エ世　オ食］
（　）器・器（　）

3 加 ［ア入　イ進　ウ追　エ大　オ少］
（　）加・加（　）

4 課 ［ア近　イ光　ウ世　エ題　オ日］
（　）課・課（　）

5 願 ［ア記　イ氷　ウ使　エ書　オ悲］
（　）願・願（　）

3 次の――線の漢字の読みは音読み（ア）ですか、訓読《くん》み（イ）ですか。記号で答えなさい。

1 関心《かんしん》（　）
2 関《かか》わる（　）
3 管《くだ》（　）
4 血管《けっかん》（　）
5 屋根《やね》（　）
6 屋上《おくじょう》（　）
7 発芽《はつが》（　）
8 新芽《しんめ》（　）
9 筆箱《ふでばこ》（　）
10 毛筆《もうひつ》（　）

4 次の――線のカタカナを漢字になおして書きなさい。

1 遠くから**ハタ**をふって合図をする。

2 ガソリンスタンドで**キュウユ**する。

3 空港で飛行《ひこう》**キ**に乗る。

4 分度**キ**を使って正三角形をかく。

5 不思《ふし》**ギ**な夢《ゆめ》を見た。

6 校庭のポールに**コッキ**をかかげる。

7 世界の平和を**ツイキュウ**する。

8 農業の**キカイ**化が進む。

9 友だちに**ナ**き顔を見せたくない。

10 大事なことを**カイギ**で決める。

11 図形の面積《めんせき》を**モト**める。

12 **ナ**きっつらにはち

月 日 月 日 月 日

1 ／12	2 ／5	3 ／10	4 （ ）／12	〈 〉／12	〔 〕／12

ステップ 1-5

力だめし

第1回

総得点 /100

評価

A
80点 B
75点 C
70点 D
60点 E

月　日

1 次の——線の漢字の読みをひらがなで書きなさい。

3×10 /30

1 朝のラジオ体操《たいそう》を日課とする。（　　）

2 東南アジアはまもなく雨季だ。（　　）

3 街角でちらしを配る。（　　）

4 五十メートル走で三位になる。（　　）

5 二億年前の化石が見つかる。（　　）

6 金貨などの宝物《たからもの》をさがす。（　　）

7 春にまいたたねが発芽した。（　　）

8 両国による調印式が行われた。（　　）

9 むずかしい問題に印をつける。（　　）

10 案ずるより産《う》むがやすし（　　）

2 次の上の漢字の太い画のところは筆順《ひつじゅん》の何画目か、下の漢字の総《そう》画数は何画か、算用数字（1、2、3…）で答えなさい。

2×10 /20

〈れい〉正（3）
字（6）

1 芽（　　）
2 械（　　）
3 官（　　）
4 希（　　）
5 英（　　）

6 衣（　　）
7 街（　　）
8 億（　　）
9 果（　　）
10 塩（　　）

3 次の——線のカタカナを○の中の漢字と送りがな（ひらがな）で書きなさい。 2×10 ／20

〈れい〉 (正) **タダシイ**字を書く。 （正しい）

1 (覚) 人の名前を**オボエル**。（　）
2 (温) スープを**アタタメル**。（　）
3 (加) メンバーに**クワエル**。（　）
4 (短) かみの毛を**ミジカク**切る。（　）
5 (改) **アラタマッ**た口調だ。（　）
6 (願) 神様にお**ネガイ**する。（　）
7 (関) 委員会活動に**カカワル**。（　）
8 (栄) 地元の店が**サカエル**。（　）
9 (求) まじめな人を**モトメル**。（　）
10 (覚) 大きな音で目を**サマス**。（　）

4 次の——線のカタカナを漢字になおして書きなさい。 3×10 ／30

1 **アイケン**をつれて公園に行く。（　）
2 祝《しゅく》**ガ**パーティーが行われる。（　）
3 業者が**ガイチュウ**を退治《たいじ》する。（　）
4 太陽が**カンゼン**にかくれた。（　）
5 **イゼン**は池だった場所だ。（　）
6 ジェット**キ**が空港に着陸《ちゃくりく》する。（　）
7 フルートは**カン**楽器だ。（　）
8 春や秋は**カンコウ**客が多い。（　）
9 今日の**キュウショク**はカレーだ。（　）
10 **ナ**く子は育つ（　）

クイズであそぼ！ 1

チョウの羽の部分を組み合わせて、漢字を完成《かんせい》させよう。

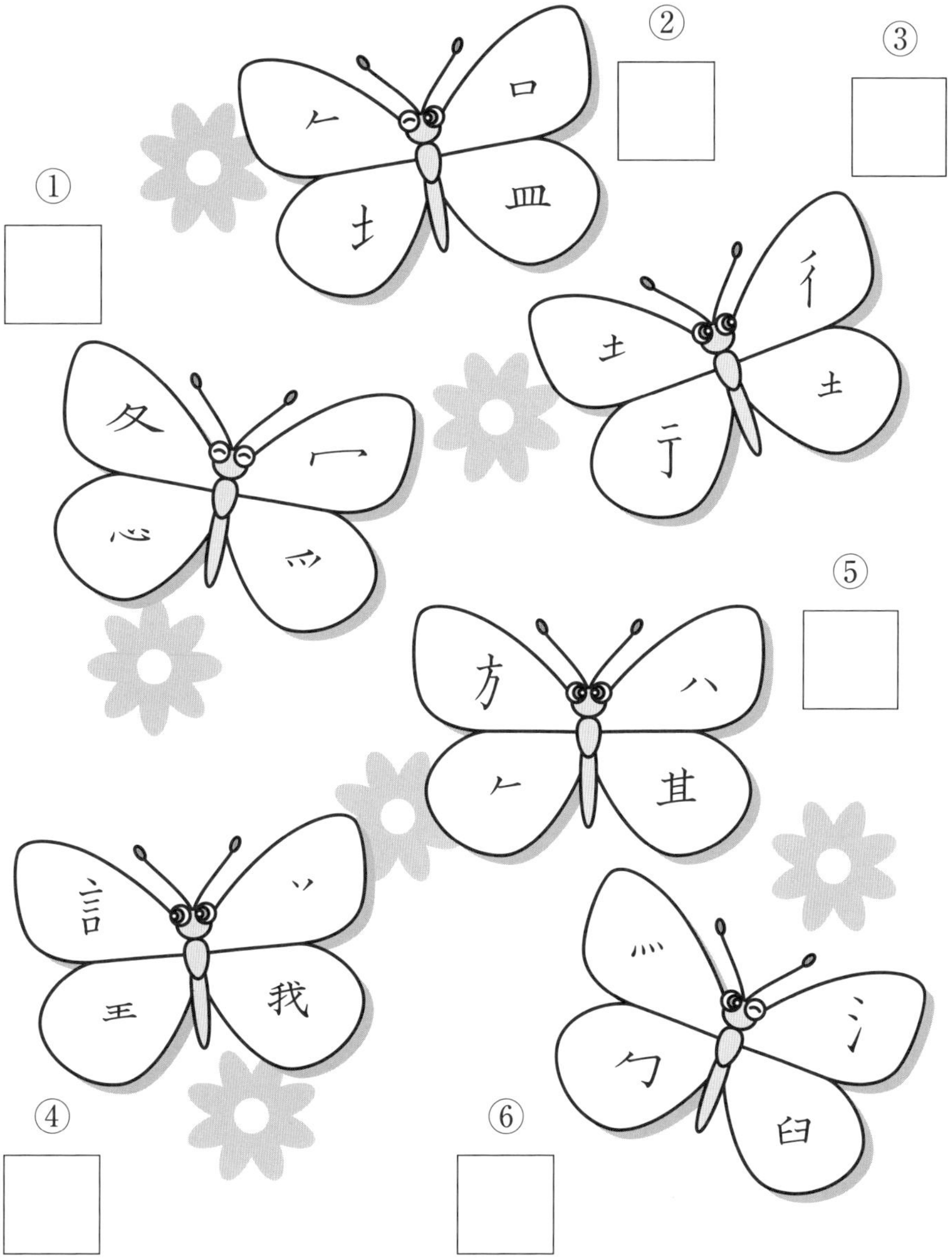

答えは 別冊標準解答《べっさつひょうじゅんかいとう》 22 ページ

クイズであそぼ！ 2

カエルが、部首の部分がきえた葉っぱを持っているよ。横一列にならんだ四つの葉っぱに同じ部首を書き入れて、漢字を完成《かんせい》させよう。

①

②

③

答えは 別冊標準解答《べっさつひょうじゅんかいとう》 22 ページ

漢字練習ノートは別冊《べっさつ》8ページにあります

ステップ 6

漢字	読み	画数	部首	部首名	漢字の意味	用例	筆順
挙	音 キョ / 訓 あ(げる)・あ(がる)	10	手	て	あげる・おこなう・ならべたてる・こぞって	挙行《きょこう》・挙式《きょしき》・挙手《きょしゅ》・検挙《けんきょ》・選挙《せんきょ》・枚挙《まいきょ》・手《て》を挙《あ》げる	挙
漁	音 ギョ・リョウ / 訓 —	14	氵	さんずい	魚をとる・あさる	漁業《ぎょぎょう》・漁港《ぎょこう》・漁船《ぎょせん》・漁師《りょうし》・禁漁《きんりょう》・大漁《たいりょう》・不漁《ふりょう》	漁 2・10・14
共	音 キョウ / 訓 とも	6	八	は	いっしょに・「共産主義《きょうさんしゅぎ》」の略《りゃく》	共感《きょうかん》・共通《きょうつう》・共同《きょうどう》・共有《きょうゆう》・公共《こうきょう》・共《とも》に学《まな》ぶ	共
協	音 キョウ / 訓 —	8	十	じゅう	力を合わせる・集まって相談する・おれ合う	協会《きょうかい》・協議《きょうぎ》・協調《きょうちょう》・協定《きょうてい》・協同《きょうどう》・協約《きょうやく》・協力《きょうりょく》・妥協《だきょう》	協
鏡	音 キョウ / 訓 かがみ	19	金	かねへん	かがみ・レンズ	鏡台《きょうだい》・三面鏡《さんめんきょう》・望遠鏡《ぼうえんきょう》・鏡開《かがみびら》き・手鏡《てかがみ》・眼鏡《めがね》	鏡 4・7・10・12・17
競	音 キョウ・ケイ / 訓 きそ(う)(中)・せ(る)(高)	20	立	たつ	相手に勝とうとしてがんばる	競泳《きょうえい》・競技《きょうぎ》・競走《きょうそう》・競争《きょうそう》・競馬《けいば》・腕《うで》を競《きそ》う・競《せ》り合《あ》う	競 2・4・8・15・18
極	音 キョク・ゴク(中) / 訓 きわ(める)(中)・きわ(まる)(中)・きわ(み)(中)	12	木	きへん	この上ないところ・一方のはし	極度《きょくど》・積極的《せっきょくてき》・南極《なんきょく》・北極《ほっきょく》・極上《ごくじょう》・極《きわ》め付《つ》き	極 4・8
熊	音 — / 訓 くま	14	灬	れんが・れっか	動物のクマ	熊手《くまで》・熊本県《くまもとけん》	熊 4・6・14

月　日

ステップ　6

1

次の——線の漢字の読みをひらがなで書きなさい。

1 熊本県は火の国とよばれる。

2 英語は世界の共通語になっている。

3 三面鏡に自分のすがたをうつす。

4 先生の問いに挙手して答えた。

5 競泳の百メートル自由形に出場する。

6 夜明け前にカツオ漁に出る。

7 姉が結婚《けっこん》式を挙げる。

8 日本は漁業がさかんな国だ。

9 エネルギー問題を協議する。

10 カマキリは共食いすることがある。

11 南極にはペンギンやアザラシがいる。

12 目は心の鏡

漢字を組み立てる部分

漢字の多くは、左と右、上と下、囲《かこ》む部分と囲まれる部分など、いくつかの部分を組み合わせて作られています。それらは大きく七つに分けられ、それぞれに名前がついています。

へん　つくり　かんむり　あし　たれ　にょう　かまえ

2 次の部首のなかまの漢字で（　）にあてはまる漢字一字を書きなさい。

〈れい〉亻（にんべん）　（体《たい》）力・工（作《さく》）

1 氵（さんずい）
（　《ぎょ》）船・（　《な》）き顔・（　《けっ》）心・（　《おん》）度

2 木（きへん）
北（　《きょく》）・（　《き》）会・（　《しょく》）物・屋（　《ね》）

3 金（かねへん）
手（　《かがみ》）・（　《てつ》）道・（　《ぎん》）行

4 宀（うかんむり）
（　《かん》）全・長（　《かん》）・（　《あん》）定・（　《じつ》）力

3 次の――線のカタカナに合う漢字をえらび、記号で答えなさい。

1 食**エン**を加えないジュースだ。（ア 塩　イ 遠　ウ 園）（　）

2 友人と校庭で**キョウ**走する。（ア 共　イ 競　ウ 教）（　）

3 **キョク**度にきんちょうした。（ア 曲　イ 局　ウ 極）（　）

4 公**キョウ**物を大切にあつかう。（ア 共　イ 協　ウ 教）（　）

5 スポーツの**キョウ**会を設立《せつりつ》する。（ア 強　イ 協　ウ 共）（　）

6 入場行進で**キ**手をつとめた。（ア 記　イ 旗　ウ 希）（　）

7 消火**キ**の使い方を習う。（ア 起　イ 機　ウ 器）（　）

4 次の——線のカタカナを漢字になおして書きなさい。

1 望遠《ぼうえん》**キョウ**を買ってもらった。
2 弟と部屋を**キョウドウ**で使う。
3 夜空に**ホッキョク**星をさがす。
4 人々が**ケイバ**場に集まった。
5 **タイリョウ**で港が活気づく。
6 計画の**キョウリョク**者をつのる。
7 例《れい》を**ア**げてわかりやすく話す。
8 **カガミ**で自分のすがたを見る。
9 学級委員長の選《せん》**キョ**に出る。
10 母と**トモ**に買い物に行く。
11 運動会で徒《と》**キョウソウ**に出る。
12 朝早く**ギョセン**が沖《おき》へ向かう。

（ ）月 日
〈 〉月 日
［ ］月 日

	［ ］	〈 〉	4 （ ）	3	2	1
	／12	／12	／12	／7	／4	／12

漢字練習ノートは別冊《べっさつ》9ページにあります

ステップ 7

漢字	読み	画数	部首	部首名	漢字の意味	用例	筆順
訓	音 クン 訓 —	10	言	ごんべん	おしえる・漢字を日本語で読む読み方	訓辞《くんじ》・訓読《くんよ》み・訓練《くんれん》・音訓《おんくん》・家訓《かくん》・教訓《きょうくん》	
軍	音 グン 訓 —	9	車	くるま	兵士《へいし》の集団《しゅうだん》・戦争《せんそう》	軍医《ぐんい》・軍人《ぐんじん》・軍隊《ぐんたい》・軍手《ぐんて》・軍配《ぐんばい》	
郡	音 グン 訓 —	10	阝	おおざと	行政《ぎょうせい》区画の一つ	郡部《ぐんぶ》・〇〇郡《ぐん》	
群	音 グン 訓 む(れる) む(れ) むら	13	羊	ひつじ	あつまる・あつまり・多くの	群生《ぐんせい》・大群《たいぐん》・抜群《ばつぐん》・群馬県《ぐんまけん》・羊《ひつじ》の群《む》れ・鳥《とり》が群《むら》がる	6 9 12
径	音 ケイ 訓 —	8	彳	ぎょうにんべん	こみち・まっすぐ・円の中心を通る線	径路《けいろ》・口径《こうけい》・山径《さんけい》・直径《ちょっけい》・半径《はんけい》	
景	音 ケイ 訓 —	12	日	ひ	ありさま・けしき・あおぐ・興《きょう》をそえるもの	景観《けいかん》・景気《けいき》・景品《けいひん》・光景《こうけい》・情景《じょうけい》・風景《ふうけい》・夜景《やけい》・景色《けしき》	9
芸	音 ゲイ 訓 —	7	艹	くさかんむり	身につけたわざ・植物を植える	芸術《げいじゅつ》・芸能《げいのう》・園芸《えんげい》・学芸《がくげい》・曲芸《きょくげい》・手芸《しゅげい》・文芸《ぶんげい》・民芸《みんげい》	
欠	音 ケツ 訓 か(ける) か(く)	4	欠	あくび かける	たりない・かける・きず・出ない	欠航《けっこう》・欠場《けつじょう》・欠席《けっせき》・欠点《けってん》・出欠《しゅっけつ》・補欠《ほけつ》・月《つき》が欠《か》ける	

月　日

ステップ 7

1 次の――線の漢字の読みをひらがなで書きなさい。

1 訓読みすると漢字の意味がわかる。

2 ジュースを買うと景品がついていた。

3 ヒツジの群れが道をわたる。

4 一人でも欠けるとリレーができない。

5 軍人が主人公の映画《えいが》を見た。

6 市部から郡部へ住まいをうつす。

7 軍手をはめて畑仕事をする。

8 今日、学校でひなん訓練をした。

9 群馬県の温泉《おんせん》地に行く。

10 直径一メートルもの木が切られた。

11 けがで試合《しあい》を欠場する。

12 芸は身を助ける

「へん」と「つくり」

・「へん」…左右二つに分けられる漢字の左の部分。
<れい>「亻(ぎょうにんべん)」→径・後・待・役
「言(ごんべん)」→課・議・訓・詩

・「つくり」…左右二つに分けられる漢字の右の部分。
<れい>「攵(のぶん・ぼくづくり)」→改・教・整・放
「頁(おおがい)」→顔・願・頭・題

2 次の上の漢字の太い画のところは筆順《ひつじゅん》の何画目か、下の漢字の総《そう》画数は何画か、算用数字（1、2、3…）で答えなさい。

〈れい〉正（3）字（6）

1 希（　）（　）

2 旗（　）（　）

3 郡（　）（　）

4 機（　）（　）

5 協（　）（　）

6 芸（　）（　）

7 群（　）（　）

8 議（　）（　）

9 競（　）（　）

10 器（　）（　）

3 次のカタカナを漢字になおし、一字だけ書きなさい。

1 アン内図（　）

2 風ケイ画（　）

3 学ゲイ会（　）

4 百カ店（　）

5 機カイ化（　）

6 カン光地（　）

4

次の――線のカタカナを漢字になおして書きなさい。

1 すもうの**グンバイ**が東に上がった。
2 先生が全員の**シュッケツ**をとる。
3 お楽しみ会でかくし**ゲイ**をする。
4 牛たちが草原で**ム**れている。
5 水は生物に**カ**かせないものだ。
6 美しい雪**ゲシキ**を写真にとる。
7 池のコイがえさに**ムラ**がる。
8 **グンブ**ではモモ作りがさかんだ。
9 **ハンケイ**一メートルの円をかく。
10 失敗《しっぱい》から**キョウクン**をえた。
11 美しい街の**ヤケイ**をながめる。
12 つなわたりの**キョクゲイ**を見た。

月　日
月　日
月　日

			4	3	2	1
	［ ］ ／12	〈 〉 ／12	（ ） ／12	／6	／10	／12

漢字練習ノートは別冊《べっさつ》10ページにあります

ステップ 8

漢字	読み	画数	部首	部首名	漢字の意味	用例	筆順
結	音 ケツ 訓 むす(ぶ) ゆ(う) 中 ゆ(わえる) 中	12	糸	いとへん	むすぶ・しめくくり・まとまる・できあがる	結果《けっか》・結末《けつまつ》・完結《かんけつ》・団結《だんけつ》・直結《ちょっけつ》・ひもを結《むす》ぶ	結 結 結 結 結6 結 結 結 結 結12
建	音 ケン コン 高 訓 た(てる) た(つ)	9	廴	えんにょう	家や社寺などをたてる・意見を申し立てる	建国《けんこく》・建設《けんせつ》・封建《ほうけん》・建立《こんりゅう》・建具《たてぐ》・建物《たてもの》・家《いえ》が建《た》つ	建 建 建 建 建 建 建 建 建
健	音 ケン 訓 すこ(やか) 中	11	亻	にんべん	じょうぶ・ひじょうに	健康《けんこう》・健勝《けんしょう》・健全《けんぜん》・健闘《けんとう》・強健《きょうけん》・保健《ほけん》・健《すこ》やかに育《そだ》つ	健2 健 健 健 健 健 健 健 健 健
験	音 ケン ゲン 高 訓 —	18	馬	うまへん	しるし・ききめ・ためす・しらべる	験算《けんざん》・経験《けいけん》・試験《しけん》・実験《じっけん》・受験《じゅけん》・体験《たいけん》・霊験《れいげん》	験 験 験 験 験5 験10 験12 験16 験 験
固	音 コ 訓 かた(める) かた(まる) かた(い)	8	囗	くにがまえ	かたくする・もともと・自分の考えをとおす	固辞《こじ》・固体《こたい》・固定《こてい》・固有《こゆう》・強固《きょうこ》・堅固《けんご》・土《つち》を固《かた》める	固 固 固 固 固 固 固 固
功	音 コウ ク 高 訓 —	5	力	ちから	てがら・ききめ・なしとげた結果	功績《こうせき》・功名《こうみょう》・功利《こうり》・功労《こうろう》・成功《せいこう》・年功《ねんこう》・功徳《くどく》	功 功 功 功 功
好	音 コウ 訓 この(む) す(く)	6	女	おんなへん	このましい・うまい・よい・仲《なか》よくすること	好感《こうかん》・好物《こうぶつ》・絶好《ぜっこう》・友好《ゆうこう》・和食《わしょく》を好《この》む・好《す》きな教科《きょうか》	好 好 好 好 好 好
香	音 コウ 中 キョウ 高 訓 か かお(り) かお(る)	9	香	か かおり	よいにおい・よいにおいを出すもの	香水《こうすい》・香料《こうりょう》・線香《せんこう》・香川県《かがわけん》・花《はな》の香《かお》り	香 香 香 香 香 香 香 香 香
候	音 コウ 訓 そうろう 高	10	亻	にんべん	まつ・ようす・とき・うかがう	候補《こうほ》・気候《きこう》・時候《じこう》・兆候《ちょうこう》・天候《てんこう》・居候《いそうろう》	候 候 候 候 候 候 候 候 候 候

月　日

ステップ 8

1 次の――線の漢字の読みをひらがなで書きなさい。

1 父が青いネクタイを結んでいる。

2 スポーツで強健な身体をやしなう。

3 ふたを開けておくと絵の具が固まる。

4 ケーキはわたしの好物だ。

5 となりの空き地に大きな家が建った。

6 香川県の名物はうどんだ。

7 理科室で実験器具をそろえる。

8 今日は建国記念《きねん》の日で学校は休みだ。

9 天候が悪いため遠足は中止になった。

10 空気は気体で、氷は固体だ。

11 この色はぼくの好みではない。

12 けがの功名で新薬が発見された。

「かんむり」と「あし」

・「かんむり」…上下二つに分けられる漢字の上の部分。
<れい>「艹（くさかんむり）」→英・芽・芸・葉
「⺮（たけかんむり）」→管・算・笛・筆

・「あし」…上下二つに分けられる漢字の下の部分。
<れい>「ハ（は）」→六・具・共・典
「灬（れんが・れっか）」→照・然・点・熱

2 次の部首のなかまの漢字で（　）にあてはまる漢字一字を書きなさい。

〈れい〉亻（にんべん）　（体）《たい》力・工（作）《さく》

1 彳（ぎょうにんべん）　主（　）《やく》・直（　）《けい》・（　）《こう》半・期（　）《たい》

2 頁（おおがい）　（　）《かお》色・宿（　）《だい》・悲（　）《がん》・（　）《とう》部

3 ⺮（たけかんむり）　気（　）《かん》・落（　）《だい》・上（　）《とう》・本（　）《ばこ》

4 糸（いとへん）　（　）《けっ》果・配（　）《きゅう》・（　）《しゅう》点・新（　）《りょく》

3 次の語の中で——線の漢字の読みが訓読みのものをえらび、記号で答えなさい。

1 〔ア 教訓《きょうくん》　イ 固形《こけい》　ウ 結《むす》び目〕（　）

2 〔ア 会議《かいぎ》　イ 群《むら》がる　ウ 夜景《やけい》〕（　）

3 〔ア 固《かた》ゆで　イ 挙手《きょしゅ》　ウ 結実《けつじつ》〕（　）

4 〔ア 気持《きも》ち　イ 漁船《ぎょせん》　ウ 大好《だいす》き〕（　）

5 〔ア 欠点《けってん》　イ 健勝《けんしょう》　ウ 手鏡《てかがみ》〕（　）

6 〔ア 園芸《えんげい》　イ 矢印《やじるし》　ウ 北極《ほっきょく》〕（　）

7 〔ア 課目《かもく》　イ 建物《たてもの》　ウ 軍手《ぐんて》〕（　）

8 〔ア 好意《こうい》　イ 受験《じゅけん》　ウ 共食《ともぐ》い〕（　）

4 次の――線のカタカナを漢字になおして書きなさい。

1 **キコウ**のおだやかな地方に住む。

2 **ケンゼン**な心と体を育てる。

3 駅前は高い**タテモノ**が多い。

4 テストの**ケッカ**は上出来だ。

5 妹は犬と遊ぶのが**ス**きだ。

6 高台に家を**タ**てる。

7 ロケットの打ち上げに成《せい》**コウ**した。

8 点と点を直線で**ムス**ぶ。

9 アジアの国と**ユウコウ**を深める。

10 庭に梅《うめ》の**カ**がただよう。

11 海外旅行の**タイケン**談を聞く。

12 雨ふって地**カタ**まる

（　　）（　　）（　　）（　　）（　　）（　　）（　　）（　　）（　　）（　　）（　　）（　　）

月　日

〈　　〉〈　　〉〈　　〉〈　　〉〈　　〉〈　　〉〈　　〉〈　　〉〈　　〉〈　　〉〈　　〉〈　　〉

月　日

［　　］［　　］［　　］［　　］［　　］［　　］［　　］［　　］［　　］［　　］［　　］［　　］

月　日

1	2	3	4 （ ）	〈 〉	［ ］	
／12	／4	／8	／12	／12	／12	

漢字練習ノートは別冊《べっさつ》11ページにあります

ステップ 9

漢字	読み（音）	読み（訓）	画数	部首	部首名	漢字の意味	用例
康	コウ	―	11	广	まだれ	おだやか・やすらか・じょうぶ	健康《けんこう》・小康《しょうこう》
佐	サ	―	7	亻	にんべん	たすける・軍隊の階級の一つ。「将《しょう》」の下・手伝い	大佐《たいさ》・補佐《ほさ》・佐賀県《さがけん》
差	サ	さ(す)	10	工	え たくみ	ちがい・さしひき・ひらき	差別《さべつ》・交差《こうさ》・時差《じさ》・大差《たいさ》・差《さ》し伸《の》べる・かさを差《さ》す
菜	サイ	な	11	艹	くさかんむり	なっぱ・おかず	菜園《さいえん》・菜食《さいしょく》・山菜《さんさい》・前菜《ぜんさい》・白菜《はくさい》・野菜《やさい》・菜種《なたね》・青菜《あおな》
最	サイ	もっと(も)	12	曰	ひらび いわく	この上なく・いちばん	最後《さいご》・最終《さいしゅう》・最初《さいしょ》・最中《さいちゅう》・最低《さいてい》・最寄《もよ》り・最《もっと》も高《たか》い
埼	―	さい	11	土	つちへん	さき・みさき	埼玉県《さいたまけん》
材	ザイ	―	7	木	きへん	原料《げんりょう》となる木や物・すぐれた人	材木《ざいもく》・材料《ざいりょう》・器材《きざい》・取材《しゅざい》・人材《じんざい》・題材《だいざい》・木材《もくざい》
崎	―	さき	11	山	やまへん	さき・けわしい・あやうい	長崎県《ながさきけん》・宮崎県《みやざきけん》
昨	サク	―	9	日	ひへん	前の日・一年前・以前	昨年《さくねん》・昨夜《さくや》・昨今《さっこん》・一昨日《いっさくじつ》・昨日《きのう・さくじつ》

筆順

ステップ 9

月　　日

1 次の――線の漢字の読みをひらがなで書きなさい。

1 最終のバスに間に合った。
2 ワラビやゼンマイなどの山菜をとる。
3 入院後は小康じょうたいをたもつ。
4 取材したことをまとめて記事にする。
5 佐賀県の地理について調べる。
6 わたしが最も好きな季節《きせつ》は秋だ。
7 うでを交差させてなわとびをする。
8 昨夜から雨がふりつづいている。
9 菜っ葉のつけものを食べる。
10 兄は埼玉県に住んでいる。
11 部屋に朝日が差しこむ。
12 船で長崎県にある島へ向かう。

「たれ」と「にょう」

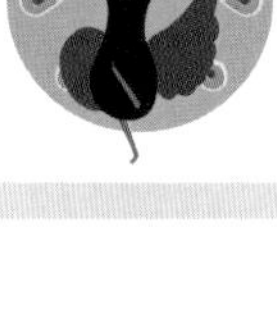

・「たれ」…漢字のまわりのうち、上と左の二方を囲《かこ》むもの。
<れい>「尸（かばね・しかばね）」→屋・局
「广（まだれ）」→庫・康・庭・店
・「にょう」…漢字のまわりのうち、左と下の二方を囲むもの。
<れい>「廴（えんにょう）」→建
「辶（しんにょう・しんにゅう）」→運・進・送

2 次の――線のカタカナを○の中の漢字と送りがな（ひらがな）で書きなさい。

〈れい〉 正 タダシイ字を書く。（正しい）

1 好 父はあまい物をコノム。（　　）
2 群 鳥たちがえさにムラガル。（　　）
3 建 丸太で小屋をタテル。（　　）
4 覚 駅までの道をオボエル。（　　）
5 固 カタイ決意でのぞむ。（　　）
6 欠 土びんの口がカケル。（　　）
7 加 新人が二人クワワル。（　　）
8 結 友人と親交をムスブ。（　　）
9 求 暗算で答えをモトメル。（　　）
10 改 悪いくせをアラタメル。（　　）

3 次の――線のカタカナに合う漢字を後の□の中からえらび、記号で答えなさい。□の中の漢字は一度しか使えません。

1 母は今、食事のサイ中だ。（　　）
2 畑で野サイを育てる。（　　）
3 その画家は天サイとよばれた。（　　）
4 文化サイの出し物を考える。（　　）

ア 最　イ オ　ウ 菜　エ 祭

5 健コウによい食物をとる。（　　）
6 天コウが悪化する。（　　）
7 わたしのコウ物はラーメンだ。（　　）
8 朝早くから漁コウに行く。（　　）

ア 港　イ 候　ウ 康　エ 好

4 次の——線のカタカナを漢字になおして書きなさい。

1 季《き》節《せつ》の**ヤサイ**が店先にならぶ。

2 行列の**サイゴ**にならぶ。

3 先頭の走者との間に**タイサ**がつく。

4 工作の**ザイ**料《りょう》を買う。

5 **サクジツ**の出来事を思い出す。

6 昼と夜の温度**サ**が大きい。

7 運動をして**ケンコウ**な体を作る。

8 ほおに赤みが**サ**してきた。

9 **ナ**の花が一面にさいている。

10 トラックで**ザイモク**を運ぶ。

11 **サクネン**は雪が多かった。

12 妹はクラスで**モット**も足が速い。

月　日

月　日

月　日

			4	3	2	1
[ ] ／12	＜ ＞ ／12	( ) ／12		／8	／10	／12

漢字練習ノートは別冊《べっさつ》12ページにあります

ステップ 10

漢字	札	刷	察	参	産	散	残
読み	音 サツ 訓 ふだ	音 サツ 訓 す(る)	音 サツ 訓 —	音 サン 訓 まい(る)	音 サン 訓 う(む) う(まれる) うぶ 高	音 サン 訓 ち(る) ち(らす) ち(らかす) ち(らかる)	音 ザン 訓 のこ(る) のこ(す)
画数	5	8	14	8	11	12	10
部首	木	刂	宀	ム	生	攵	歹
部首名	きへん	りっとう	うかんむり	む	うまれる	のぶん ぼくづくり	かばねへん いちたへん がつへん
漢字の意味	文字を書いた小さな木や紙・紙のおかね	する・ぬぐう	よく見る・おしはかる・よく考える	加わる・くらべる・おまいりする・負ける	うむ・うまれる・つくり出す・財産《ざいさん》	ちる・まとまりがない・ひま・気まま	のこる・しいたげる・むごい
用例	札束《さつたば》・改札《かいさつ》・新札《しんさつ》・千円札《せんえんさつ》・入札《にゅうさつ》・表札《ひょうさつ》・名札《なふだ》	刷新《さっしん》・印刷《いんさつ》・手刷《てず》り・新聞《しんぶん》を刷《す》る	察知《さっち》・観察《かんさつ》・考察《こうさつ》・視察《しさつ》・推察《すいさつ》・明察《めいさつ》	参加《さんか》・参観《さんかん》・参照《さんしょう》・参道《さんどう》・降参《こうさん》・持参《じさん》・神社《じんじゃ》に参《まい》る	産業《さんぎょう》・国産《こくさん》・出産《しゅっさん》・生産《せいさん》・名産《めいさん》・産声《うぶごえ》・土産《みやげ》・子《こ》を産《う》む	散歩《さんぽ》・一目散《いちもくさん》・解散《かいさん》・発散《はっさん》・分散《ぶんさん》・花《はな》が散《ち》る	残業《ざんぎょう》・残暑《ざんしょ》・残念《ざんねん》・敗残《はいざん》・残《のこ》り物《もの》・名残《なごり》・歴史《れきし》に残《のこ》る
筆順	札 札 札 札 札	刷 刷 刷 刷 刷 刷 刷 刷	察 察(3) 察 察 察 察 察 察 察 察 察(11) 察 察 察(14)	参 参 参 参 参 参 参 参	産 産(2) 産 産 産 産 産 産 産 産 産	散 散 散 散 散 散 散 散(8) 散 散(10) 散 散	残 残 残 残 残 残 残 残 残 残

月　日

ステップ 10

1 次の――線の漢字の読みをひらがなで書きなさい。

1 産みの苦しみを味わう。
2 父は残業で九時ごろに帰る。
3 表札を見て家をたしかめる。
4 高い山には夏でも雪が残っている。
5 国産の自動車に乗っている。
6 かるた大会でたくさん札を取った。
7 神社にお参りをする。
8 スポーツでストレスを発散させる。
9 来週の予定表を刷って配る。
10 母の気持ちを察して進んでてつだう。
11 参考書を使って理科の勉強をする。
12 朝の雨でサクラの花びらが散った。

「かまえ」

・「かまえ」…漢字のまわりを囲《かこ》むもののうち、「にょう」と「たれ」以外のもの。

<れい>「囗（くにがまえ）」→園・固・国
「門（もんがまえ）」→間・開・関
「匸（かくしがまえ）」→医・区
「行（ぎょうがまえ・ゆきがまえ）」→街

2 後の□の中のひらがなを漢字になおして、意味が反対や対《つい》になることば（対義語《たいぎ》）を書きなさい。□の中のひらがなは一度だけ使い、漢字一字を書きなさい。

〈れい〉室内―室（外）

1 笑《わら》う―（　）く
2 流動―（　）定
3 平行―交（　）
4 集中―分（　）
5 来年―（　）年
6 病気―健（　）

こ・こう・さ・さく・さん・な

3 次の――線のカタカナに合う漢字をえらび、記号で答えなさい。

1 案内のパンフレットを印**サツ**する。（ア刷　イ札　ウ察）（　）
2 注文したら送料《そうりょう》が**カ**算された。（ア加　イ貨　ウ課）（　）
3 神社の**サン**道でハトが遊ぶ。（ア算　イ参　ウ散）（　）
4 元気な女の子を出**サン**した。（ア参　イ産　ウ算）（　）
5 千円の新**サツ**で代金をしはらう。（ア刷　イ察　ウ札）（　）
6 **サイ**園にトマトを植える。（ア細　イ菜　ウ最）（　）
7 **サイ**後のしめくくりが大事だ。（アオ　イ祭　ウ最）（　）

4 次の――線のカタカナを漢字になおして書きなさい。

1 **カイサツ**口で母と待ち合わせる。
2 日曜日の**サンポ**が楽しみだ。
3 アサガオの花を**カンサツ**する。
4 まもなく新聞が**ス**り上がる。
5 子ども会の遠足に**サンカ**する。
6 旅行先で**メイサン**の品を買う。
7 立て**フダ**に説明《せつめい》が書かれている。
8 九月はまだ**ザンショ**がきびしい。
9 学級だよりを**インサツ**する。
10 祖父《そふ》の墓《はか》にお**マイ**りする。
11 **チ**らかった部屋をそうじする。
12 **ノコ**り物には福がある

月　日
月　日
月　日

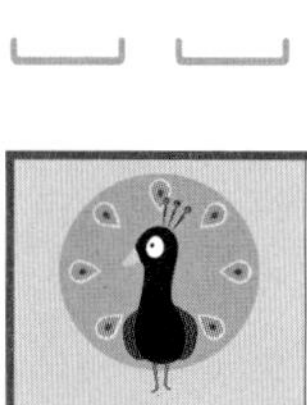

			4	3	2	1
	〔　〕 ／12	〈　〉 ／12	（　） ／12	／7	／6	／12

力だめし

第2回

総得点
/100

評価
A
80点
B
75点
C
70点
D
60点
E

月　日

1 次の――線の漢字の読みをひらがなで書きなさい。

1×10 /10

1 ほほえましい光景を目にした。（　）
2 固くとじた貝がらをあける。（　）
3 協力して町をきれいにする。（　）
4 全力を挙げて問題に取り組む。（　）
5 その作家は軍医でもあった。（　）
6 代々の家訓を子につたえる。（　）
7 大雨のために水害が発生した。（　）
8 この絵は以前に見たことがある。（　）
9 校旗を持って行進する。（　）
10 旗をふっておうえんする。（　）

2 次の漢字の読みは、音読み（ア）ですか、訓読み（イ）ですか。記号で答えなさい。

1×10 /10

〈れい〉力《ちから》（イ）

1 芸《げい》（　）
2 鏡《かがみ》（　）
3 仕《し》（　）
4 漁《りょう》（　）
5 材《ざい》（　）
6 菜《な》（　）
7 共《とも》（　）
8 昨《さく》（　）
9 極《きょく》（　）
10 郡《ぐん》（　）

3

次の――線のカタカナを○の中の漢字と送りがな（ひらがな）で書きなさい。

2×10 ／20

〈れい〉正 タダシイ字を書く。（正しい）

1 転 まりがコロガッてきた。（　　）

2 関 計画に深くカカワル。（　　）

3 群 湖面に水鳥がムレル。（　　）

4 全 スベテの力を出し切る。（　　）

5 注 コップに水をソソグ。（　　）

6 最 モットモ高い山に登る。（　　）

7 改 古い風習をアラタメル。（　　）

8 等 ヒトシイ長さに切る。（　　）

9 温 牛乳《ぎゅうにゅう》をアタタメて飲む。（　　）

10 代 父にカワッて返事する。（　　）

4

次の部首のなかまの漢字で（　）にあてはまる漢字一字を書きなさい。

1×10 ／10

〈れい〉亻（にんべん）　（体《たい》）力・工（作《さく》）

艹（くさかんむり）

1 発（　）《が》

2 （　）《にが》い

3 （　）《に》物

宀（うかんむり）

4 （　）《かん》全

5 （　）《しゅく》題

6 決（　）《てい》

灬（れんが・れっか）

7 （　）《くま》手

8 弱（　）《てん》

頁（おおがい）

9 先（　）《とう》

10 大（　）《がん》

5 上の漢字と下の［　］の中の漢字を組み合わせて二字の熟語《じゅくご》を二つ作り、記号で答えなさい。

2×5 ／10

〈れい〉校　［ア門　イ学　ウ海　エ体　オ読］　（イ）校・校（ア）

1 鏡　［ア手　イ衣　ウ台　エ季　オ都］　（　）鏡・鏡（　）

2 固　［ア大　イ強　ウ人　エ定　オ元］　（　）固・固（　）

3 案　［ア課　イ帳　ウ名　エ練　オ外］　（　）案・案（　）

4 果　［ア結　イ街　ウ旅　エ物　オ表］　（　）果・果（　）

5 投　［ア官　イ遠　ウ入　エ葉　オ和］　（　）投・投（　）

6 次の上の漢字の太い画のところは筆順《ひつじゅん》の何画目か、下の漢字の総《そう》画数は何画か、算用数字（1、2、3…）で答えなさい。

1×10 ／10

〈れい〉正（3）　字（6）

1 最（　）（　）

2 岐（　）（　）

3 害（　）（　）

4 挙（　）（　）

5 産（　）（　）

6 岡（　）（　）

7 各（　）（　）

8 崎（　）（　）

9 茨（　）（　）

10 佐（　）（　）

7 次の――線のカタカナに合う漢字をえらび、記号で答えなさい。

2×5 /10

1 円の半ケイの長さをはかる。（ア 計　イ 径　ウ 形）

2 動物がきけんをサッ知する。（ア 察　イ 刷　ウ 札）

3 兄と同じ高校を受ケンしたい。（ア 研　イ 県　ウ 験）

4 キョウ泳の大会に出場する。（ア 競　イ 教　ウ 強）

5 山の天コウはかわりやすい。（ア 高　イ 功　ウ 候）

8 次の――線のカタカナを漢字になおして書きなさい。

2×10 /20

1 だれにでもケッテンはある。

2 ケンコウしんだんを受ける。

3 通路が駅にチョッケツする。

4 友だちの言葉が心にノコる。

5 イチモクサンににげ帰った。

6 水不足《ぶそく》の村にキュウスイする。

7 さいた花のカオりをかぐ。

8 両者の実力に大きなサはない。

9 おかの上に小屋をタてる。

10 スきこそ物の上手なれ

クイズであそぼ！ 3

二字の熟語《じゅくご》で漢字のしりとりをしよう。

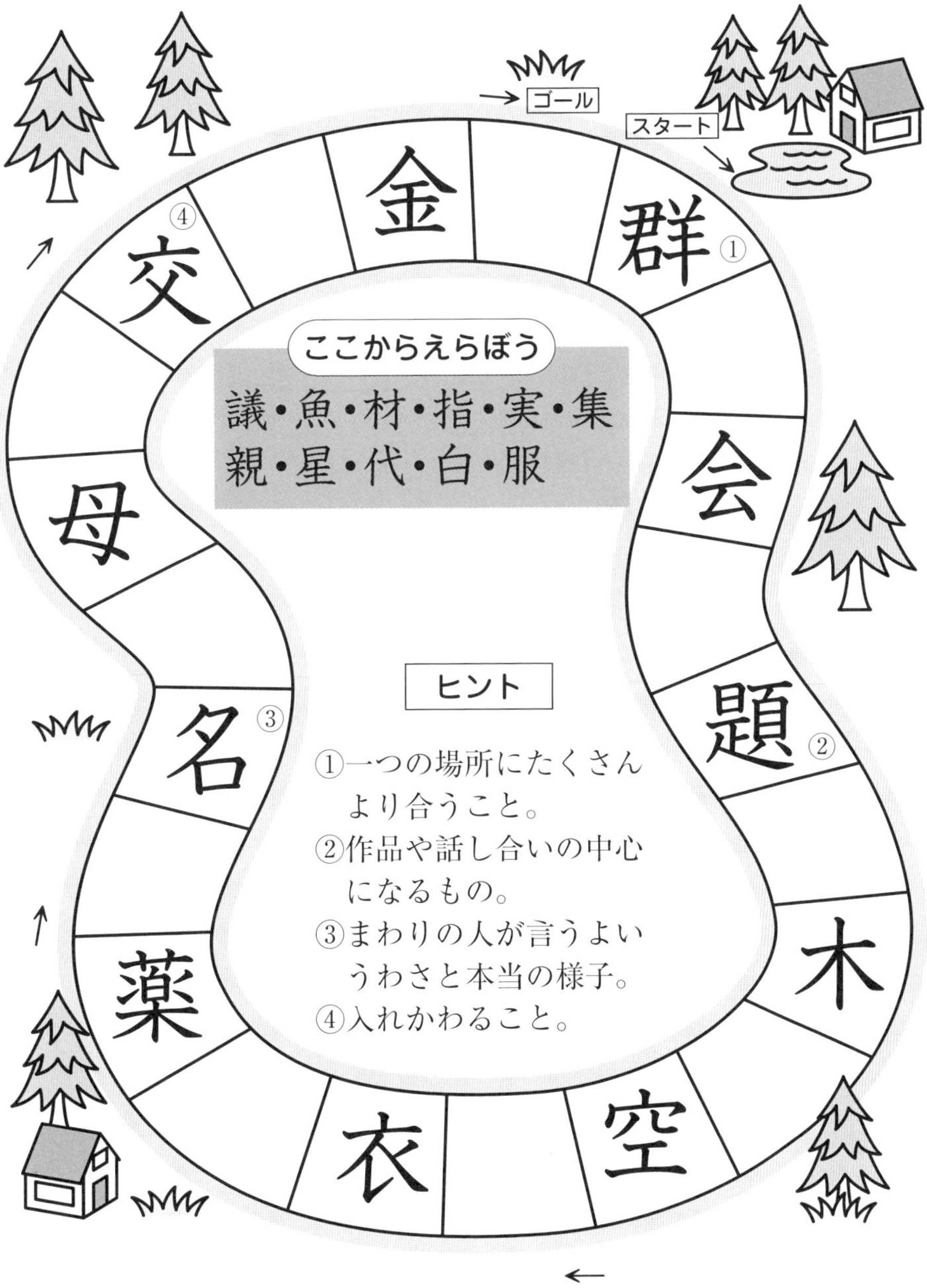

答えは 別冊標準解答《べっさつひょうじゅんかいとう》 23 ページ

クイズであそぼ！ 4

漢字が、部首（上の犬）と、そうでない部分（下の犬）とに分かれているよ。うまく組み合わせて、六つの漢字を完成《かんせい》させせよう。

⑤ ③ ①

⑥ ④ ②

答えは 別冊標準解答《べっさつひょうじゅんかいとう》 23 ページ

ステップ 11

漢字	読み	画数	部首	部首名	漢字の意味	用例
氏	音 シ／訓 うじ 中	4	氏	うじ	みょうじ・いえがら	氏族《しぞく》・氏名《しめい》・姓氏《せいし》・某氏《ぼうし》・氏神《うじがみ》
司	音 シ／訓 —	5	口	くち	役人・責任者《せきにんしゃ》としておこなう	司会《しかい》・司書《ししょ》・司法《しほう》・司令《しれい》・上司《じょうし》
試	音 シ／訓 こころ(みる)・ため(す) 中	13	言	ごんべん	やってみる・ためす・「試験」の略《りゃく》	試合《しあい》・試験《しけん》・試作《しさく》・入試《にゅうし》・実験《じっけん》を試《こころ》みる・力《ちから》を試《ため》す
児	音 ジ・ニ 中／訓 —	7	儿	ひとあし・にんにょう	幼《おさな》い子ども・若者《わかもの》・むすこ	児童《じどう》・愛児《あいじ》・育児《いくじ》・幼児《ようじ》・小児科《しょうにか》・稚児《ちご》・鹿児島県《かごしまけん》
治	音 ジ・チ／訓 おさ(める)・おさ(まる)・なお(る)・なお(す)	8	氵	さんずい	おさめる・やっつける・病気をなおす	明治《めいじ》・治安《ちあん》・治水《ちすい》・自治《じち》・国《くに》を治《おさ》める・病気《びょうき》が治《なお》る
滋	音 ジ 中／訓 —	12	氵	さんずい	うるおす・しげる・栄養《えいよう》がある	滋味《じみ》・滋養《じよう》・滋賀県《しがけん》
辞	音 ジ／訓 や(める) 中	13	辛	からい	ことば・文章・ことわる・はなれる	辞書《じしょ》・辞職《じしょく》・辞典《じてん》・式辞《しきじ》・祝辞《しゅくじ》・会社《かいしゃ》を辞《や》める
鹿	音 —／訓 しか・か	11	鹿	しか	動物のシカ・権力者《けんりょくしゃ》の地位のたとえ	鹿《しか》の群《む》れ・鹿児島県《かごしまけん》

月　日

ステップ 11

1 次の――線の漢字の読みをひらがなで書きなさい。

1 いとこは図書館で司書をしている。

2 当時はすぐれた王が国を治めていた。

3 昔、この地方で氏族の対立があった。

4 鹿児島県はさつまいもの産地だ。

5 病気のぐあいを主治医に話す。

6 日本最大の湖は滋賀県にある。

7 母親が愛児のねがおを見つめる。

8 テレビでサッカーの試合を見る。

9 水害をふせぐために治水を行う。

10 本だなには外国語の辞書もならぶ。

11 さか上がりを何度も試みる。

12 病気が治った次の日から登校する。

「氵(さんずい)」のつく漢字

「海」「池」「湖」「洋」…。これら「氵(さんずい)」のつく漢字には、水に関係のある字が多くあります。ほかにもさがしてみましょう。

<れい>・川で**泳**ぐ。　・**温**かい**湯**。　・船が**港**に着く。
・**深**いプール。　・水を**注**ぐ。　・大きな**波**。
・**流**れが速い。　・大声で**泣**く。　・**漁**をする。

2 次の部首のなかまの漢字で（　）にあてはまる漢字一字を書きなさい。

〈れい〉亻（にんべん）（体《たい》）力・工（作《さく》）

1 儿（ひとあし・にんにょう）（　）《きょう》弟・（　）《げん》気・日（　）《こう》・育（　）《じ》

2 氵（さんずい）（　）《ぎょ》業・（　）《ちゅう》意・（　）《ち》安・石（　）《ゆ》

3 木（きへん）機（　）《かい》・木（　）《ざい》・千円（　）《さつ》・電（　）《ちゅう》

4 言（ごんべん）（　）《き》録《ろく》・会（　）《ぎ》・日（　）《か》・（　）《し》験

3 次の——線のカタカナに合う漢字を後の□の中からえらび、記号で答えなさい。□の中の漢字は一度しか使えません。

1 ジ童が集団《しゅうだん》下校する。（　）

2 校庭をジ由に走り回る。（　）

3 国語ジ典《てん》で言葉を調べる。（　）

4 明ジ時代について学ぶ。（　）

5 ジ回の会合を楽しみにする。（　）

6 日本とアメリカではジ差がある。（　）

7 社会科見学に筆箱をジ参する。（　）

8 全国のジ社にお参りをする。（　）

ア 児	イ 持	ウ 辞	エ 時
オ 治	カ 自	キ 寺	ク 次

4 次の——線のカタカナを漢字になおして書きなさい。

1 学校を休んでかぜを**ナオ**す。

2 校長先生が**シキジ**をのべる。

3 旅行した国は**チアン**がよかった。

4 高校の**ニュウシ**問題に取り組む。

5 グループの話し合いで**シカイ**をする。

6 遠足で**シカ**にえさをやった。

7 **ジドウ**数は全国的《てき》にへっている。

8 手紙に住所と**シメイ**を記入する。

9 薬を飲むといたみが**オサ**まった。

10 おかしの新商品を**シショク**する。

11 思い切った**ココロ**みが成功《せいこう》する。

12 父親の会社の**ジョウシ**に会う。

（　）月　日

〈　〉月　日

［　］月　日

1	2	3	4 ( )	〈 〉	［ ］
／12	／4	／8	／12	／12	／12

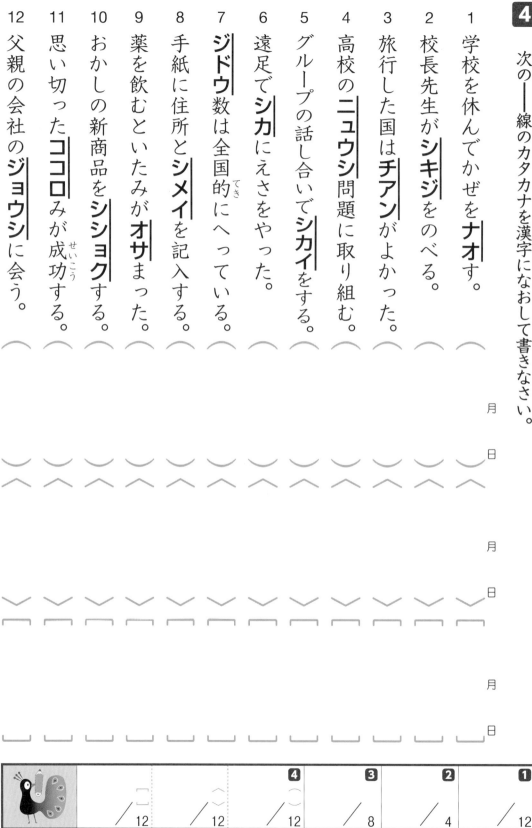

漢字練習ノートは別冊《べっさつ》14ページにあります

ステップ 12

漢字	読み	画数	部首	部首名	漢字の意味	用例	筆順
失	音 シツ　訓 うしな(う)	5	大	だい	なくす・しくじる・あやまち	失意《しつい》・失敗《しっぱい》・失望《しつぼう》・失礼《しつれい》・流失《りゅうしつ》・見失《みうしな》う・気《き》を失《うしな》う	失 失 失 失 失
借	音 シャク　訓 か(りる)	10	亻	にんべん	他人のものをかりる	借用《しゃくよう》・借金《しゃっきん》・貸借《たいしゃく》・本《ほん》を借《か》りる	借 借 借 借 借 借 借 借 借 借
種	音 シュ　訓 たね	14	禾	のぎへん	植物のたね・分類《ぶんるい》の区分	種子《しゅし》・種目《しゅもく》・種類《しゅるい》・人種《じんしゅ》・品種《ひんしゅ》・種明《たねあ》かし・菜種《なたね》	種 種 種 種5 種7 種9 種11 種 種 種
周	音 シュウ　訓 まわ(り)	8	口	くち	広くゆきわたる・まわり・まわる	周囲《しゅうい》・周期《しゅうき》・周辺《しゅうへん》・一周《いっしゅう》・円周《えんしゅう》・池《いけ》の周《まわ》り	周 周 周 周 周 周 周 周
祝	音 シュク・シュウ高　訓 いわ(う)	9	ネ	しめすへん	いわう・いのる	祝賀《しゅくが》・祝日《しゅくじつ》・祝電《しゅくでん》・祝福《しゅくふく》・祝言《しゅうげん》・祝詞《のりと》・入学《にゅうがく》を祝《いわ》う	祝 祝 祝 祝 祝 祝 祝 祝 祝
順	音 ジュン　訓 ―	12	頁	おおがい	したがう・次第《しだい》・つごうがよい	順位《じゅんい》・順調《じゅんちょう》・順番《じゅんばん》・順路《じゅんろ》・打順《だじゅん》・手順《てじゅん》・筆順《ひつじゅん》・道順《みちじゅん》	順 順 順 順 順 順 順 順9 順 順12
初	音 ショ　訓 はじ(め)・はじ(めて)・はつ・そ(める)中・うい高	7	刀	かたな	はじめての・第一の・はじまり・早いころ	初級《しょきゅう》・初心《しょしん》・最初《さいしょ》・初雪《はつゆき》・年《とし》の初《はじ》め・初陣《ういじん》・書《か》き初《ぞ》め	初 初 初 初 初 初 初
松	音 ショウ　訓 まつ	8	木	きへん	(植物の)マツ	松竹梅《しょうちくばい》・松《まつ》かざり・松林《まつばやし》・門松《かどまつ》	松 松 松 松 松 松 松 松

月　日

ステップ 12

1 次の――線の漢字の読みをひらがなで書きなさい。

1 お客様に失礼のないようにする。
2 地球は太陽の周りを一年かけて回る。
3 松かざりが取れて正月気分もぬけた。
4 姉が手品の種明かしをしてくれた。
5 急な雨にあい、かさを借用してきた。
6 年の初めの日を元日という。
7 国民《こくみん》の祝日は観光地の人出が多い。
8 駅の人ごみで友人を見失う。
9 作業は順調に進んでいる。
10 駅の周辺《へん》で買い物をする。
11 図書館で新しい本を借りる。
12 初心わするべからず

特別《とくべつ》な読み方をする熟語《じゅくご》

熟語の中には、特別な読み方をするものがあります。次の漢字が読めますか。左と右を線で結んでみましょう。

今日・	・きのう	今朝・	・けさ
明日・	・あす	果物・	・けしき
昨日・	・きょう	景色・	・くだもの

（答えは別冊標準解答《べっさつひょうじゅんかいとう》18ページ）

2 次の□に同じ漢字をあてはめるとそれぞれ二字の熟語《じゅくご》になります。□にあてはまる漢字一字を書きなさい。

1 筆□・□番・打□・□路 （　）

2 野□・□食・白□・□園 （　）

3 □歩・□級・当□・□回 （　）

4 人□・□目・品□・□子 （　）

---

3 後の□の中のひらがなを漢字になおして、意味が反対や対《つい》になることば（対義語《たいぎ》）を書きなさい。□の中のひらがなは一度だけ使い、漢字一字を書きなさい。

〈れい〉室内―室（外）

1 病気―（　）康

2 最後―最（　）

3 明日―（　）日

4 平等―（　）別《べつ》

5 曲線―（　）線

6 集まる―（　）る

けん・さ・さく・しょ・ち・ちょく

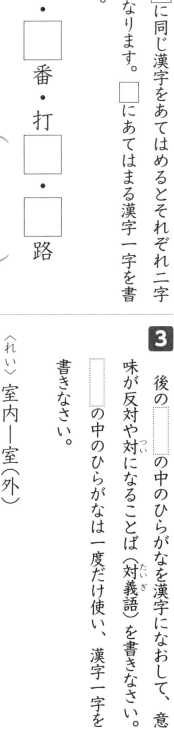

4

次の――線のカタカナを漢字になおして書きなさい。

1 試合に負けて自信《じしん》を**ウシナ**う。
2 家族そろって新年を**イワ**った。
3 スケートを**ショホ**から習った。
4 自転車で日本を一**シュウ**する。
5 めでたい**ショウ**竹梅《ちくばい》をかざる。
6 兄は父の車を**カ**りて旅行に行く。
7 **ジュンロ**にしたがって見学する。
8 作物の**ヒンシュ**を改良《かいりょう》する。
9 北海道で**ハツユキ**がふった。
10 はたらいて**シャッキン**を返す。
11 うらの**マツバヤシ**で風が鳴る。
12 合格《ごうかく》の**シュクデン**がとどく。

（ 月 日）〈 月 日〉［ 月 日］

			4	3	2	1
	［ ］ /12	〈 〉 /12	（ ） /12	/6	/4	/12

ステップ 13

漢字	読み	画数	部首	部首名	漢字の意味	用例
笑	音 ショウ〔中〕 訓 わら(う) え(む)〔中〕	10	⺮	たけかんむり	わらう	笑納《しょうのう》・苦笑《くしょう》・談笑《だんしょう》・笑顔《えがお》・満面《まんめん》の笑《え》み・大声《おおごえ》で笑《わら》う
唱	音 ショウ 訓 とな(える)	11	口	くちへん	となえる・うたう	唱歌《しょうか》・愛唱《あいしょう》・暗唱《あんしょう》・合唱《がっしょう》・提唱《ていしょう》・輪唱《りんしょう》・九九《くく》を唱《とな》える
焼	音 ショウ〔中〕 訓 や(く) や(ける)	12	火	ひへん	もやす・やける	焼失《しょうしつ》・焼《や》き飯《めし》・日焼《ひや》け・夕焼《ゆうや》け・塩焼《しおや》き・魚《さかな》を焼《や》く
照	音 ショウ 訓 て(る) て(らす) て(れる)	13	灬	れんが れっか	明るくかがやく・てらし合わせる	照会《しょうかい》・照合《しょうごう》・照明《しょうめい》・参照《さんしょう》・対照《たいしょう》・日照《にっしょう》・日《ひ》が照《て》る
城	音 ジョウ 訓 しろ	9	土	つちへん	しろ・ふせぎまもるための建造物《けんぞうぶつ》	城郭《じょうかく》・城下町《じょうかまち》・城塞《じょうさい》・城門《じょうもん》・茨城県《いばらきけん》・宮城県《みやぎけん》
縄	音 ジョウ〔中〕 訓 なわ	15	糸	いとへん	なわ・すみなわ・ただす・法則《ほうそく》・規準《きじゅん》	縄文《じょうもん》・縄文杉《じょうもんすぎ》・沖縄県《おきなわけん》・縄《なわ》を編《あ》む
臣	音 シン ジン 訓 ――	7	臣	しん	主君につかえる者・けらい	臣下《しんか》・家臣《かしん》・君臣《くんしん》・大臣《だいじん》
信	音 シン 訓 ――	9	亻	にんべん	うそのないこと・心から思いこむ・しらせ	信号《しんごう》・信心《しんじん》・信念《しんねん》・信用《しんよう》・音信《おんしん》・自信《じしん》・通信《つうしん》

筆順

月　日

ステップ 13

1

次の——線の漢字の読みをひらがなで書きなさい。

1 大きな声で校歌を合唱する。

2 今日のテストは百点の自信がある。

3 立ち止まって夕焼け空をながめる。

4 雨が上がり、日が照ってきた。

5 女王には多くの家臣が仕えていた。

6 外国の城の写真をとる。

7 縄で荷台の荷物を固定する。

8 目をとじて願いごとを唱える。

9 通信用のアンテナを立てる。

10 仙台《せんだい》市は宮城県で最も人口が多い都市だ。

11 部屋の照明を明るくする。

12 来年のことを言えばおにが笑う

送りがなって？

・赤い花がさく。　・絵を見る。

上の赤・見という漢字の次には、それぞれ㋑・㋺という「かな」がついています。このように、漢字の読み方をはっきりさせるために漢字の次につける「かな」のことを「送りがな」といいます。

郵便はがき

お手数ですが
切手をおはり
ください。

605-0074

（受取人）

京都市東山区祇園町南側
551番地

（公財）日本漢字能力検定協会
書籍アンケート係 行

K2007

フリガナ

お名前

〒　　　　TEL

ご住所

◆Webからでもお答えいただけます◆

下記URL、または右のバーコードからアクセスしてください。

https://www.kanken.or.jp/kanken/textbook/step.html

ご記入頂きました個人情報は、アンケートの集計及び粗品の送付、今後の（公財
日本漢字能力検定協会の事業に関するご案内以外の目的には使用しません。また
第三者への開示、弊協会外へ漏洩することもございません。

16歳未満の方は、保護者の同意の上ご記入ください。

個人情報のご記入は任意でありますが、必須事項をご記入頂けない場合は粗品の送付が出来ない場合がございますので、ご注意ください。

ご記入頂きました個人情報に関する開示、訂正等お問い合わせは、下記の窓口へお願いします。

（公財）日本漢字能力検定協会　個人情報保護責任者　事務局長
個人情報相談窓口　https://www.kanken.or.jp/privacy/

20000098(0

今後の出版事業に役立てたいと思いますので、下記のアンケートにご協力ください。抽選で粗品をお送りします。

お買い上げいただいた本（級に○印をつけてください）

『漢検　漢字学習ステップ　ワイド版』　7級　8級　9級　10級

●年齢＿＿＿＿＿歳　●性別　男・女

●この教材で学習したあと、漢字検定を受検しましたか？その結果を教えてください。

a. 受検した（合格）　b. 受検した（不合格）　c. 受検した（結果はまだわからない）　d. 受検していない・受検する予定がない　e. これから受検する・受検するつもりがある

●この教材で学習したことで、語彙力《ごいりょく》がついたと思いますか？

a. 思う　b. 思わない　c. どちらともいえない

●この教材で学習したことで、漢字・日本語への興味はわきましたか？

a. わいた　b. わかなかった　c. どちらともいえない

●この教材で学習したことで、学習習慣は身につきましたか？

a. ついた　b. つかなかった　c. どちらともいえない

●この教材で学習したことで、漢字への自信はつきましたか？

a. ついた　b. つかなかった　c. どちらともいえない

●この教材に満足しましたか？

a. 非常に満足した　b. ある程度満足した　c. どちらともいえない　d. あまり満足しなかった　e. 全く満足しなかった

●この教材で満足したところを、具体的に教えてください。

（　　　　）

●この教材で不満だったところを、具体的に教えてください。

（　　　　）

●この教材と一緒に使った教材はありますか？書籍名を教えてください。

（　　　　）

ご協力ありがとうございました。

2 次の――線のカタカナを○の中の漢字と送りがな（ひらがな）で書きなさい。

〈れい〉 (正) **タダシイ**字を書く。 （正しい）

1 (借) 外国の絵本を**カリル**。（　）
2 (試) くり返し**ココロミル**。（　）
3 (参) 正月に神社に**マイル**。（　）
4 (散) 部屋の中を**チラカス**。（　）
5 (焼) 顔が日に**ヤケル**。（　）
6 (祝) 姉の誕生日《たんじょうび》を**イワウ**。（　）
7 (治) 歯のいたみが**オサマル**。（　）
8 (周) 池の**マワリ**を走る。（　）
9 (残) 今年も**ノコリ**わずかだ。（　）
10 (失) チャンスを**ウシナウ**。（　）

3 次の――線のカタカナを漢字になおして書きなさい。

1 これは父の愛**ショウ**歌だ。（　）
2 台所に**ショウ**火器をそなえる。（　）
3 写真と表とを**ショウ**合する。（　）
4 文**ショウ**を書くのがとくいだ。（　）
5 本当のことを**ショウ**直に話す。（　）
6 かれは意外に**ショウ**心者だ。（　）
7 **ショウ**店街で買い物をする。（　）
8 数の多**ショウ**は問わない。（　）
9 この店は**ショウ**和のころからある。（　）
10 チームは決**ショウ**に進出した。（　）

4 次の——線のカタカナを漢字になおして書きなさい。

1 落語を聞いてオオワライした。（　）
2 ライトで夜の道をテらす。（　）
3 有名な詩をアンショウする。（　）
4 全国のシロを見て回る。（　）
5 ヤき立てのパンのかおりがする。（　）
6 新しいダイジンの話を聞いた。（　）
7 休み時間にナワとびで遊ぶ。（　）
8 おまじないをトナえて安心する。（　）
9 シンゴウが青になるのを待つ。（　）
10 古くから栄えたジョウカ町に住む。（　）
11 冬はニッショウ時間が短い。（　）
12 ワラう門《かど》には福きたる（　）

月　日 〈　〉
月　日 ［　］
月　日

1 ／12	2 ／10	3 ／10	4 （　）／12	〈　〉／12	［　］／12

ステップ 14

漢字	読み	画数	部首	部首名	漢字の意味	用例	筆順
井	音 セイ 高 ショウ 中 / 訓 い	4	二	に	いど・いげた・家の多いところ	市井《しせい》・天井《てんじょう》・井戸《いど》・福井県《ふくいけん》	井 井 井 井
成	音 セイ ジョウ 高 / 訓 な(る) な(す)	6	戈	ほこづくり ほこがまえ	なしとげる・つくりあげる・そだつ	成果《せいか》・成功《せいこう》・完成《かんせい》・作成《さくせい》・達成《たっせい》・成就《じょうじゅ》・成《な》り立《た》ち	成 成 成 成 成 成
省	音 セイ ショウ / 訓 はぶ(く) かえり(みる) 中	9	目	め	かえりみる・はぶく・たずねる・役所	帰省《きせい》・内省《ないせい》・反省《はんせい》・省略《しょうりゃく》・文《ぶん》を省《はぶ》く・半生《はんせい》を省《かえり》みる	省 省 省 省 省 省 省 省 省
清	音 セイ ショウ 高 / 訓 きよ(い) きよ(まる) きよ(める)	11	氵	さんずい	すきとおってきれいだ・きれいにする	清潔《せいけつ》・清算《せいさん》・清酒《せいしゅ》・清書《せいしょ》・清浄《せいじょう》・清流《せいりゅう》・身《み》を清《きよ》める	清(2) 清 清 清 清 清 清 清 清 清
静	音 セイ ジョウ 中 / 訓 しず しず(か) しず(まる) しず(める)	14	青	あお	しずか・しずまる	静電気《せいでんき》・静養《せいよう》・安静《あんせい》・冷静《れいせい》・静脈《じょうみゃく》・気《き》を静《しず》める	静 静 静(4) 静(6) 静(9) 静 静 静 静 静
席	音 セキ / 訓 ―	10	巾	はば	すわる所・会場・地位	空席《くうせき》・欠席《けっせき》・座席《ざせき》・即席《そくせき》・退席《たいせき》・着席《ちゃくせき》	席 席 席 席 席 席 席 席 席 席
積	音 セキ / 訓 つ(む) つ(もる)	16	禾	のぎへん	つみかさなる・広さ・大きさ	積雪《せきせつ》・積極的《せっきょくてき》・体積《たいせき》・面積《めんせき》・積《つ》み木《き》・見積《みつ》もる	積(2) 積 積 積 積 積 積(9) 積(11) 積(14) 積(16)
折	音 セツ / 訓 お(る) おり お(れる)	7	扌	てへん	おる・おれる・分ける・くじける	折半《せっぱん》・右折《うせつ》・屈折《くっせつ》・左折《させつ》・時折《ときおり》・折《お》れ線《せん》・紙《かみ》を折《お》る	折 折 折 折 折 折 折
節	音 セツ セチ 高 / 訓 ふし	13	⺮	たけかんむり	ふし・気候《かこう》の変わりめ・ひかえめにする	節句《せっく》・節水《せっすい》・節分《せつぶん》・節約《せつやく》・関節《かんせつ》・季節《きせつ》・節穴《ふしあな》・節目《ふしめ》	節(2) 節 節(6) 節 節 節 節 節 節 節

月　日

ステップ 14

1 次の――線の漢字の読みをひらがなで書きなさい。

1 手作りの犬小屋が完成した。

2 はき清められた寺の庭を歩く。

3 反省して心を入れかえる。

4 屋根に積もった雪を下ろす。

5 イワナは清流にすむ魚だ。

6 福井県に転校した友人に手紙を書く。

7 立春の前日を節分という。

8 静まり返った林のなかで鳥が鳴く。

9 昨日はかぜのため学校を欠席した。

10 時間の都合で細かい説明《せつめい》を省く。

11 新聞に折りこみチラシを入れる。

12 竹の節を生かして筆立てを作る。

送りがなをまちがえると？

覚える（おぼえる）／覚める（さめる）

治める（おさめる）／治る（なおる）

苦い（にがい）／苦しい（くるしい）

細い（ほそい）／細かい（こまかい）

送りがなをまちがえると、読み方も意味もかわってしまいます。正しく覚えましょう。

2 次の語の中で――線の漢字の読みが訓読みのものをえらび、記号で答えなさい。

1 〔ア 節電《せつでん》　イ 全治《ぜんち》　ウ 時折《ときおり》〕

2 〔ア 試写《ししゃ》　イ 節目《ふしめ》　ウ 帰省《きせい》〕

3 〔ア 司会《しかい》　イ 折角《せっかく》　ウ 井戸《いど》〕

4 〔ア 日焼《ひや》け　イ 合唱《がっしょう》　ウ 氏名《しめい》〕

5 〔ア 信号《しんごう》　イ 積雲《せきうん》　ウ 初耳《はつみみ》〕

6 〔ア 初歩《しょほ》　イ 松林《まつばやし》　ウ 列席《れっせき》〕

7 〔ア 関心《かんしん》　イ 照会《しょうかい》　ウ 菜種《なたね》〕

8 〔ア 家臣《かしん》　イ 借用《しゃくよう》　ウ 名札《なふだ》〕

3 次の各組の――線の漢字の読みをひらがなで書きなさい。

1 実験は見事に成功した。

2 今後の成り行きに注目する。

3 国民《こくみん》の祝日なので学校は休みだ。

4 友だちの誕生《たんじょう》日を祝う。

5 借金をすべて清算する。

6 清い心で毎日をすごす。

7 積雪のたよりがとどいた。

8 弟が積み木で遊んでいる。

9 見かけによらず好人物だ。

10 母は好みの洋服で外出した。

11 服をぬぐと静電気が起きた。

12 気持ちを静めてお参りする。

4

次の——線のカタカナを漢字になおして書きなさい。

1 めんどうな手間を**ハブ**く。
2 会場は**クウセキ**が目立った。
3 長方形の**メンセキ**を求める。
4 ここを**ウセツ**すると駅前に出る。
5 日照り続《つづ》きで**セッスイ**を心がける。
6 日ごろの努力《どりょく》の**セイカ**があらわれる。
7 作文をていねいに**セイショ**する。
8 医者に**アンセイ**を命じられる。
9 台風で木のえだが**オ**れる。
10 **イド**からくんだ冷《つめ》たい水を飲む。
11 **シズ**かな夜の川にホタルがとぶ。
12 ちりも**ツ**もれば山となる

月 日
月 日
月 日

1	2	3	4		
／12	／8	／12	／12	／12	／12

漢字練習ノートは別冊《べっさつ》17ページにあります

ステップ15

漢字	読み	画数	部首	部首名	漢字の意味	用例	筆順
説	音 セツ・ゼイ 高 訓 と(く)	14	言	ごんべん	話してわからせる・考え・意見・はなし	説教《せっきょう》・説明《せつめい》・学説《がくせつ》・小説《しょうせつ》・伝説《でんせつ》・遊説《ゆうぜい》・道《みち》を説《と》く	説2 説4 説 説 説 説9 説11 説 説 説
浅	音 セン 中 訓 あさ(い)	9	氵	さんずい	あさい・色がうすい・中身が少ない	浅学《せんがく》・浅黒《あさぐろ》い・浅瀬《あさせ》・遠浅《とおあさ》・日《ひ》が浅《あさ》い	浅 浅 浅 浅 浅 浅 浅 浅 浅
戦	音 セン 訓 たたか(う)・いくさ 中	13	戈	ほこづくり ほこがまえ	たたかう・試合・おののく	戦国《せんごく》・戦争《せんそう》・観戦《かんせん》・作戦《さくせん》・反戦《はんせん》・勝《か》ち戦《いくさ》・全力《ぜんりょく》で戦《たたか》う	戦2 戦 戦5 戦7 戦 戦 戦 戦 戦 戦
選	音 セン 訓 えら(ぶ)	15	辶	しんにょう しんにゅう	えらび出す	選挙《せんきょ》・選考《せんこう》・選手《せんしゅ》・当選《とうせん》・予選《よせん》・落選《らくせん》・委員《いいん》を選《えら》ぶ	選 選 選 選6 選 選9 選 選12 選14 選
然	音 ゼン・ネン 訓 ——	12	灬	れんが れっか	そのとおり・状態《じょうたい》を表す言葉につける	公然《こうぜん》・自然《しぜん》・整然《せいぜん》・当然《とうぜん》・未然《みぜん》・天然《てんねん》	然 然 然 然 然 然 然 然 然 然12
争	音 ソウ 訓 あらそ(う)	6	亅	はねぼう	相手とはりあう・あらそう	争議《そうぎ》・争点《そうてん》・競争《きょうそう》・戦争《せんそう》・紛争《ふんそう》・相手《あいて》と争《あらそ》う	争 争 争 争 争 争
倉	音 ソウ 訓 くら	10	人	ひとやね	穀物《こくもつ》や品物をしまう建物	倉庫《そうこ》・穀倉《こくそう》・穀物倉庫《こくもつそうこ》・倉《くら》に入《い》れる	倉 倉 倉 倉 倉 倉 倉 倉 倉 倉
巣	音 ソウ 高 訓 す	11	⺍	つかんむり	す・かくれが・かたまりになっているところ	営巣《えいそう》・病巣《びょうそう》・卵巣《らんそう》・巣立《すだ》つ・巣箱《すばこ》・古巣《ふるす》	巣 巣 巣 巣 巣 巣7 巣 巣 巣 巣

月　日

ステップ 15

1 次の──線の漢字の読みをひらがなで書きなさい。

1 両チームは決勝進出をかけて戦った。
2 図書館で読みたい本を選ぶ。
3 体育大会でつな引き競争をする。
4 先生はわかりやすく説明してくれた。
5 遠浅の海は今日も波がおだやかだ。
6 天然ガスで走る自動車を見た。
7 父とプロ野球の試合を観戦する。
8 畑の横の倉に農具をしまう。
9 中庭の木に小鳥の巣箱をかける。
10 兄弟が大きな声で言い争っている。
11 命の大切さを説いて聞かせる。
12 自然のゆたかな土地でくらす。

漢字クイズ

1. 一、十、百、千、万より大きい位を表す漢字はなあに？
次の4まいのカードを組み合わせるとできます。
心　立　日　亻
2. 次の4まいのカードで二字の熟語《じゅくご》を作りましょう。学級会などで話し合うことがよくあるものです。
木　言　安　義

（答えは別冊標準解答《べっさつひょうじゅんかいとう》18ページ）

2 次の——線のカタカナに合う漢字をえらび、記号で答えなさい。

1 一次予**セン**を通過《つうか》する。（ア 選 イ 船 ウ 線）（　）

2 病気のときは安**セイ**にする。（ア 正 イ 清 ウ 静）（　）

3 交差点で左**セツ**する。（ア 説 イ 折 ウ 切）（　）

4 夜おそく帰って**セッ**教された。（ア 切 イ 折 ウ 説）（　）

5 これは完成前の**シ**作品だ。（ア 使 イ 司 ウ 試）（　）

6 かれは神様を**シン**じている。（ア 真 イ 信 ウ 臣）（　）

7 姉にとっては当**ゼン**の結果だ。（ア 然 イ 全 ウ 前）（　）

3 次の□に同じ漢字をあてはめるとそれぞれ二字の熟語《じゅくご》になります。□にあてはまる漢字一字を書きなさい。

1 作□・□長・形□・□立（　）

2 当□・落□・□手・□挙（　）

3 作□・□力《りょく》・反□・□場（　）

4 季□・□水・関□・□分（　）

4 次の――線のカタカナを漢字になおして書きなさい。

1 たんてい**ショウセツ**を読む。
2 かれは学級委員に**エラ**ばれた。
3 **テンネン**のウナギを食べる。
4 関《せき》ケ《が》原《はら》の**タタカ**いについて学ぶ。
5 荷物を体育**ソウコ**に運びこむ。
6 **アラソ**いがない平和な国だ。
7 **シゼン**の中でのびのびと遊ぶ。
8 ひな鳥もやがて**スダ**っていく。
9 地球上から**センソウ**をなくしたい。
10 野球**センシュ**が練習にはげむ。
11 おぼうさんが仏《ほとけ》の教えを**ト**く。
12 **アサ**い川も深くわたれ

月 日
月 日
月 日

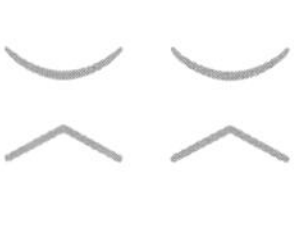

1	2	3	4 （ ）	〈 〉	〔 〕
／12	／7	／4	／12	／12	／12

ステップ 11－15

力だめし

第3回

総得点

／100

評価

A
80点 B
75点 C
70点 D
60点 E

月　日

1 次の――線の漢字の読みをひらがなで書きなさい。

1×10　／10

1 育児についての相談会がある。（　）
2 公共の場ではマナーを守ろう。（　）
3 出番をまちがえて笑われた。（　）
4 大臣にインタビューする。（　）
5 城の守りをかためる。（　）
6 ながめのよい席で食事をした。（　）
7 みんなで声をそろえて合唱する。（　）
8 山の清流で魚つりを楽しむ。（　）
9 転んで関節をいためた。（　）
10 まかぬ種は生えぬ（　）

2 次の上の漢字の太い画のところは筆順の何画目か、下の漢字の総《そう》画数は何画か、算用数字（1、2、3…）で答えなさい。

1×10　／10

〈れい〉正（3）字（6）

1 氏（　）（　）
2 成（　）（　）
3 城（　）（　）
4 清（　）（　）
5 初（　）（　）
6 軍（　）（　）
7 臣（　）（　）
8 察（　）（　）
9 昨（　）（　）
10 節（　）（　）

3

次の漢字の読みは、音読み（ア）ですか、訓読み（イ）ですか。記号で答えなさい。

〈れい〉力《ちから》（イ）

1 試《し》（　）
2 氏《し》（　）
3 節《ふし》（　）
4 倉《くら》（　）
5 借《しゃく》（　）
6 初《はつ》（　）
7 共《とも》（　）
8 固《こ》（　）
9 児《じ》（　）
10 札《ふだ》（　）

1×10 /10

4

次の――線のカタカナを○の中の漢字と送りがな（ひらがな）で書きなさい。

〈れい〉㊣ タダシイ字を書く。（正しい）

1 借 図書館で本をカリル。（　）
2 唱 おまじないをトナエル。（　）
3 選 手にとって商品をエラブ。（　）
4 照 月光が夜道をテラス。（　）
5 静 シズカナ森の中を歩く。（　）
6 争 両チームが首位をアラソウ。（　）
7 戦 世の中の不正《ふせい》とタタカウ。（　）
8 失 勝つチャンスをウシナウ。（　）
9 試 実験をココロミル。（　）
10 清 キヨラカナ水が流れる。（　）

2×10 /20

5

次の部首のなかまの漢字で（　）にあてはまる漢字一字を書きなさい。

1×10　／10

〈れい〉亻（にんべん）　（体《たい》）力・工（作《さく》）

口（くち）

1 （　）《き》具　2 円（　）《しゅう》　3 （　）《し》会

氵（さんずい）

4 自（　）《ち》会　5 （　）《あさ》黒い　6 （　）《ぎょ》港

禾（のぎへん）

7 （　）《しゅ》目　8 （　）《つ》み木

言（ごんべん）

9 協（　）《ぎ》　10 学（　）《せつ》

6

上の漢字と下の［　］の中の漢字を組み合わせて二字の熟語《じゅくご》を二つ作り、記号で答えなさい。

2×5　／10

〈れい〉校　［ア門　イ学　ウ海　エ体　オ読］　（イ）校・校（ア）

1 戦　［ア栄　イ競　ウ昨　エ作　オ争］　（　）戦・戦（　）

2 照　［ア印　イ会　ウ参　エ点　オ和］　（　）照・照（　）

3 失　［ア意　イ員　ウ合　エ問　オ流］　（　）失・失（　）

4 順　［ア係　イ速　ウ半　エ打　オ路］　（　）順・順（　）

5 成　［ア完　イ館　ウ季　エ親　オ人］　（　）成・成（　）

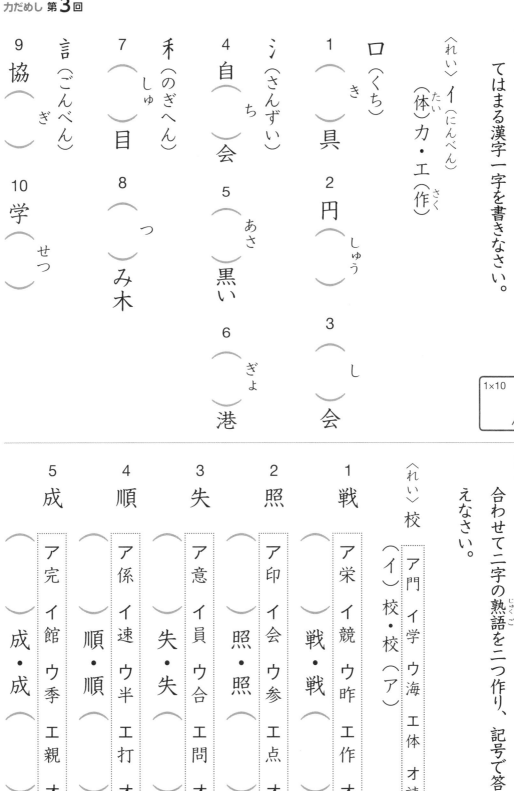

7 次の——線のカタカナに合う漢字をえらび、記号で答えなさい。

2×5 ／10

1 代金を新**サツ**でしはらう。（ア 察　イ 刷　ウ 札）

2 国語**ジ**典《てん》を引く。（ア 自　イ 辞　ウ 時）

3 **シン**号が青に変《か》わる。（ア 信　イ 新　ウ 進）

4 水をもとめて**イ**戸をほる。（ア 衣　イ 位　ウ 井）

5 ボランティアに**サン**加する。（ア 産　イ 参　ウ 散）

8 次の——線のカタカナを漢字になおして書きなさい。

2×10 ／20

1 結婚式《けっこんしき》に**シュクデン**を送る。

2 アユの**シオヤ**きがおいしい。

3 直**ケイ**は円の中心を通る。

4 **マツ**の木が植えられる。

5 自分の行いを**ハンセイ**する。

6 木に**ナワ**をゆわえる。

7 山中で**シカ**の群れを見かけた。

8 **スバコ**で小鳥がたまごを産む。

9 つくえが**セイゼン**とならぶ。

10 千代紙でつるを**オ**る。

クイズであそぼ！ 5

クジャクの羽にある漢字に、どうたいの送りがなをつけるよ。あてはまらない漢字を一つ見つけよう。

答えは 別冊標準解答《べっさつひょうじゅんかいとう》 23 ページ

クイズであそぼ！ 6

ハチの巣の真ん中に漢字を入れると、六つの熟語《じゅくご》が作れるよ。真ん中に入る漢字を考えよう。

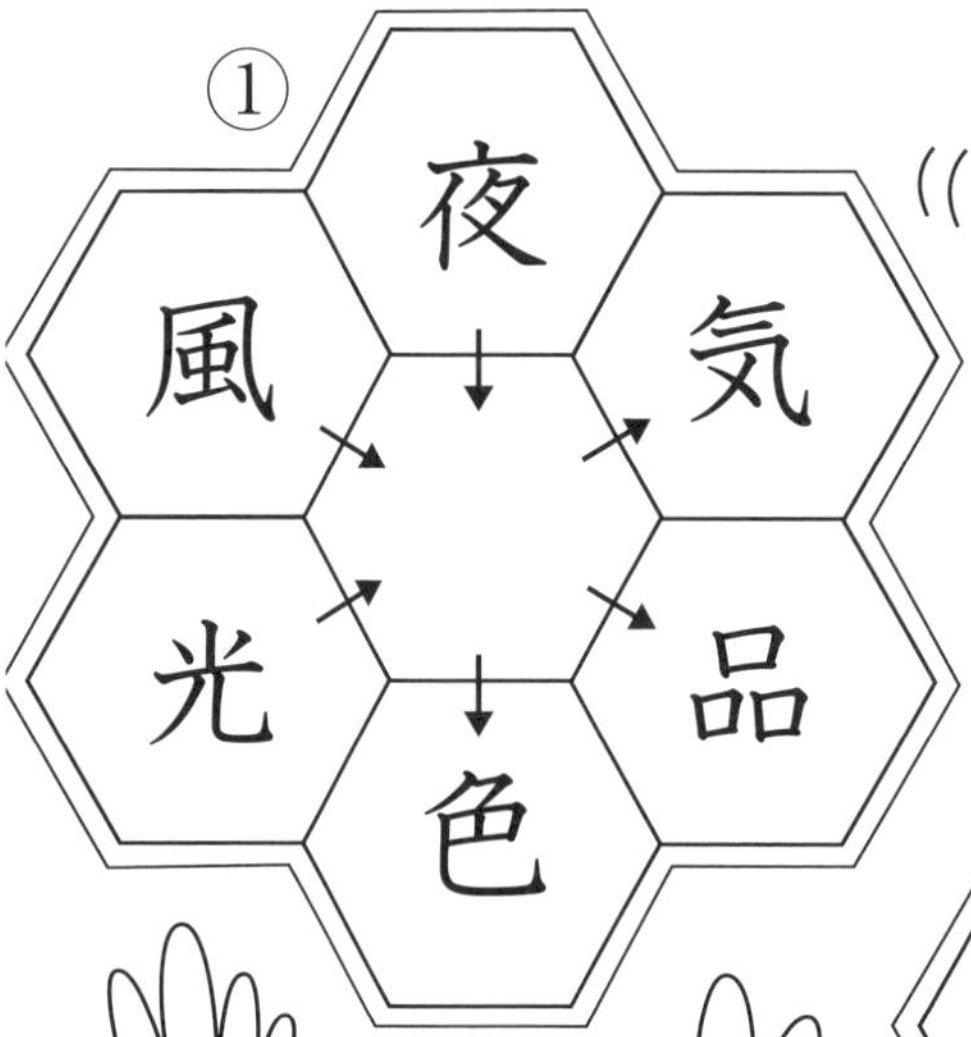

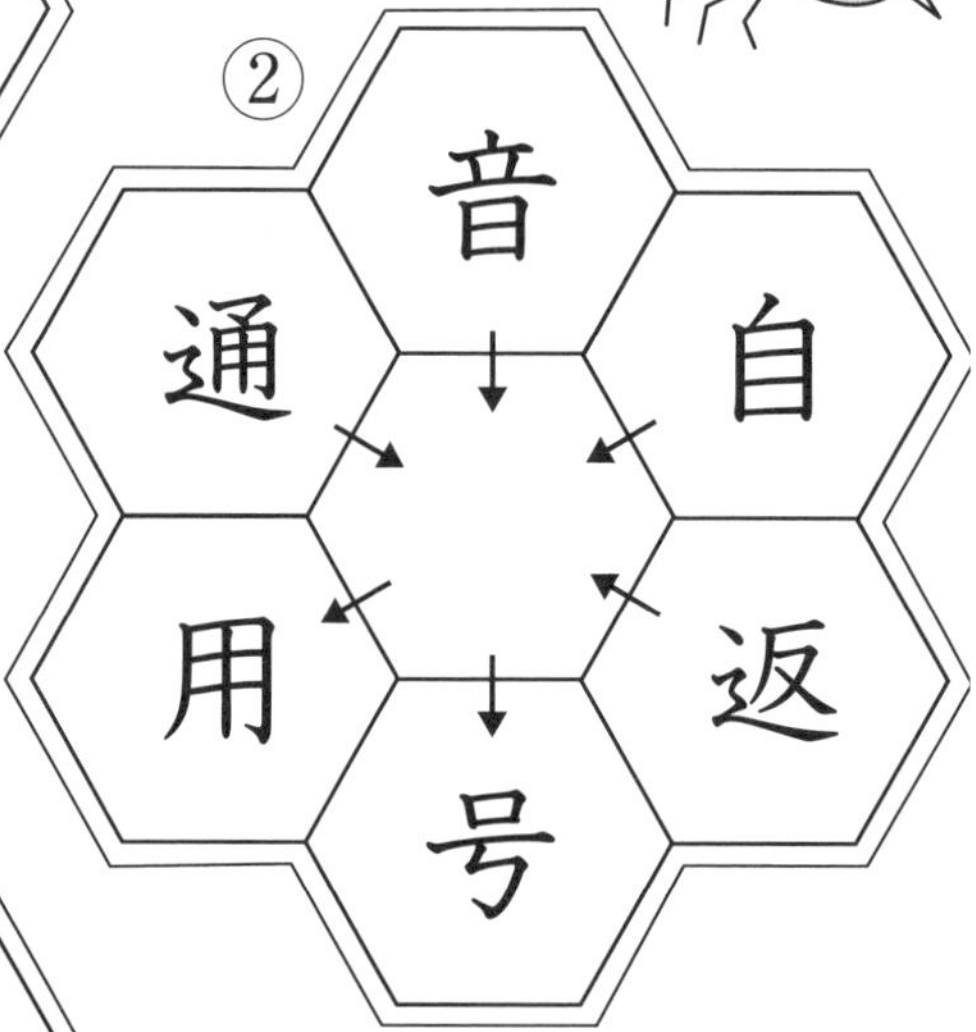

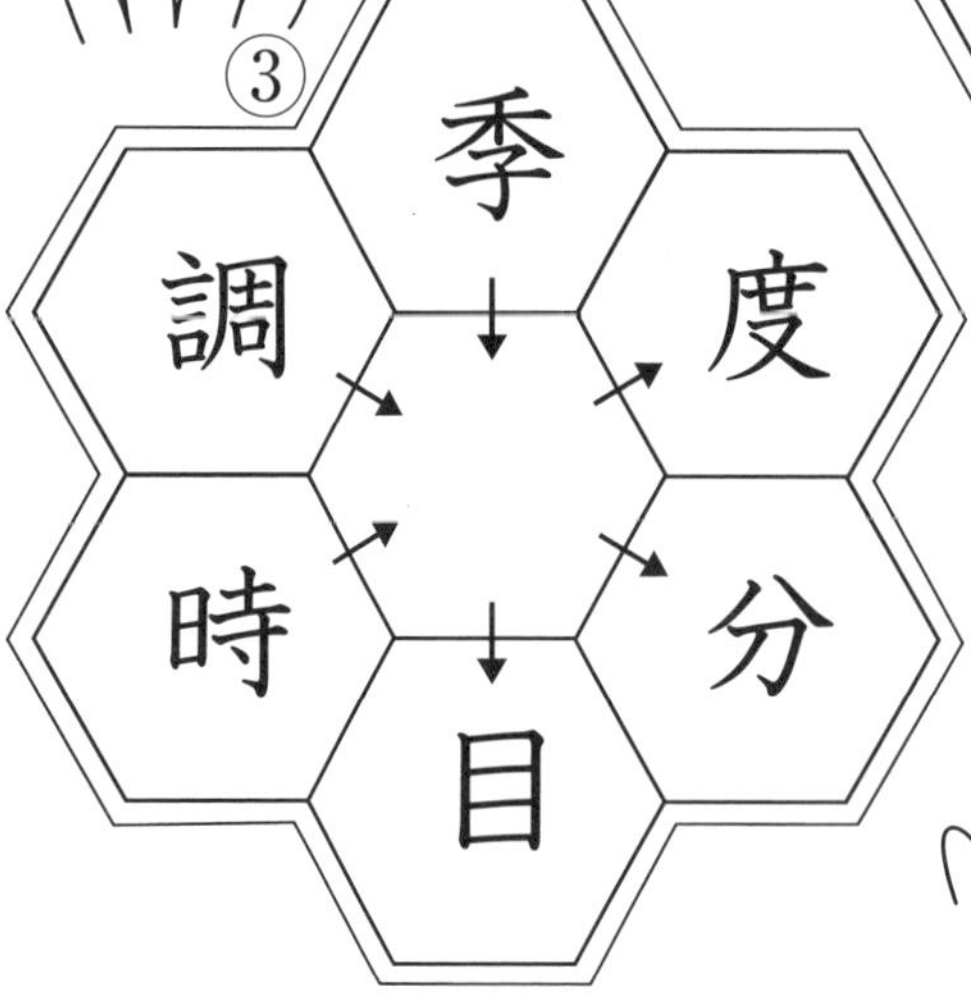

答えは 別冊標準解答《べっさつひょうじゅんかいとう》 23 ページ

ステップ16

漢字	読み	画数	部首	部首名	漢字の意味	用例
束	音 ソク 訓 たば	7	木	き	ひとまとめにする・自由でなくする	束縛《そくばく》・二束三文《にそくさんもん》・約束《やくそく》・札束《さつたば》・花束《はなたば》・紙《かみ》を束《たば》ねる
側	音 ソク 訓 がわ	11	亻	にんべん	そば・わき・かたがわ	側転《そくてん》・側面《そくめん》・内側《うちがわ》・裏側《うらがわ》・片側《かたがわ》・右側《みぎがわ》・両側《りょうがわ》
続	音 ゾク 訓 つづ(く) つづ(ける)	13	糸	いとへん	つづく・つづける	続行《ぞっこう》・続出《ぞくしゅつ》・持続《じぞく》・接続《せつぞく》・存続《そんぞく》・断続《だんぞく》・道《みち》が続《つづ》く
卒	音 ソツ 訓 ——	8	十	じゅう	下級の軍人・にわかに・おえる	卒園《そつえん》・卒業《そつぎょう》・兵卒《へいそつ》
孫	音 ソン 訓 まご	10	子	こへん	まご・血すじを受けついだ者	子孫《しそん》・孫《まご》をかわいがる
帯	音 タイ 訓 お(びる) おび	10	巾	はば	おび・身につける・つながりをもつ・ふくむ	一帯《いったい》・温帯《おんたい》・携帯《けいたい》・熱帯《ねったい》・包帯《ほうたい》・連帯《れんたい》・青《あお》みを帯《お》びる
隊	音 タイ 訓 ——	12	阝	こざとへん	ぐんたい・まとまりをもった人々の集まり	隊員《たいいん》・隊列《たいれつ》・音楽隊《おんがくたい》・軍隊《ぐんたい》・登山隊《とざんたい》・兵隊《へいたい》
達	音 タツ 訓 ——	12	辶	しんにょう しんにゅう	思うとおりになる・すぐれている・とどく	達者《たっしゃ》・達成《たっせい》・上達《じょうたつ》・速達《そくたつ》・調達《ちょうたつ》・伝達《でんたつ》・配達《はいたつ》・発達《はったつ》

月　　日

ステップ 16

1 次の――線の漢字の読みをひらがなで書きなさい。

1 親友との約《やく》束を守る。

2 行進中に隊列をみだしてはいけない。

3 集中力を持続させるコツをつかむ。

4 孫が生まれて家の中がにぎやかだ。

5 兄は新聞を配達する仕事をしている。

6 道の両側に商店がならんでいる。

7 父が弟の卒園式の写真をとる。

8 たくさんの札束を数える。

9 西日本一帯は今日も真夏の暑さだ。

10 細長い道がどこまでも続く。

11 和紙作りを子孫の代までつたえたい。

12 デパートで着物と帯を買う。

「はなぢ」？
「はなじ」？

「ぢ」や「づ」は、次のように使いましょう。

① 言葉が合わさって「ち」や「つ」がにごったとき。

<れい>はなぢ＝鼻＋血（ち）

勉強づくえ＝勉強＋つくえ

② 同じ発音がつづいて「ち」や「つ」がにごったとき。

<れい>ちぢむ・つづく・つづみ

2 次の――線のカタカナを漢字になおして書きなさい。

1 九九を暗ショウする。（　　）
2 部屋のショウ明を明るくする。（　　）
3 水泳のセン手になりたい。（　　）
4 レースでセン頭に立つ。（　　）
5 練習のセイ果があらわれる。（　　）
6 下校前に一日の反セイをする。（　　）
7 茶の生サン地を見学する。（　　）
8 遠足に弁当《べんとう》を持サンする。（　　）
9 温タイでは四季の区別《くべつ》がある。（　　）
10 レスキュータイ員になりたい。（　　）

3 次の熟語《じゅくご》と意味が反対や対《つい》になることば（対義語《たいぎご》）を［　］からえらび、漢字になおしなさい。

1 平和―（　　）
2 泣く―（　　）う
3 入学―（　　）
4 起立―（　　）
5 人工―（　　）
6 中止―（　　）
7 深い―（　　）い
8 最後―（　　）

［あさ・さいしょ・しぜん・せんそう・そつぎょう・ぞっこう・ちゃくせき・わら］

4 次の――線のカタカナを漢字になおして書きなさい。

1 町の北部**イッタイ**が雪におおわれた。
2 **ソツギョウ**生が式場に入る。
3 音楽**タイ**を先頭に行進する。
4 物事を**ソクメン**から考える。
5 科学の**ハッタツ**はめざましい。
6 玉つき事故《じこ》が**ゾクシュツ**した。
7 長いかみの毛を一つに**タバ**ねる。
8 ろう下は**ミギガワ**を歩こう。
9 おじいさんが**マゴ**と遊んでいる。
10 朝から本を読み**ツヅ**ける。
11 赤みを**オ**びた岩が多くある。
12 誕生《たんじょう》日に**ハナタバ**をおくった。

（　）〈　〉［　］
月　日　月　日　月　日

		4	3	2	1
［　］／12	〈　〉／12	（　）／12	／8	／10	／12

漢字練習ノートは別冊《べっさつ》19ページにあります

ステップ 17

漢字	読み	画数	部首	部首名	漢字の意味	用例	筆順
単	音 タン　訓 ——	9	⺍	つかんむり	ただ一つ・ひとまとまり・入りくんでいない	単位《たんい》・単元《たんげん》・単語《たんご》・単身《たんしん》・単線《たんせん》・単調《たんちょう》・単発《たんぱつ》・簡単《かんたん》	単単単単単単単単単
置	音 チ　訓 お(く)	13	罒	あみがしら・あみめ・よこめ	すえる・おく・とりはからう	安置《あんち》・位置《いち》・処置《しょち》・設置《せっち》・配置《はいち》・放置《ほうち》・置物《おきもの》	置置置置置置置置置
仲	音 チュウ 中　訓 なか	6	亻	にんべん	まんなか・人と人のあいだ	仲介《ちゅうかい》・仲裁《ちゅうさい》・伯仲《はくちゅう》・仲間《なかま》・仲良《なかよ》し・不仲《ふなか》	仲仲仲仲仲仲
沖	音 チュウ 高　訓 おき	7	氵	さんずい	おき・深いところ・高くあがる	沖縄県《おきなわけん》・沖《おき》に出《で》る	沖沖沖沖沖沖沖
兆	音 チョウ　訓 きざ(し) 高・きざ(す) 高	6	儿	ひとあし・にんにょう	物事の起こる前ぶれ・数多い・一億の一万倍	兆候《ちょうこう》・一兆《いっちょう》・前兆《ぜんちょう》・春《はる》の兆《きざ》し	兆兆兆兆兆兆
低	音 テイ　訓 ひく(い)・ひく(める)・ひく(まる)	7	亻	にんべん	高さがひくい・程度《ていど》がひくい	低音《ていおん》・低温《ていおん》・低下《ていか》・低空《ていくう》・高低《こうてい》・最低《さいてい》・低《ひく》い土地《とち》	低低低低低低低
底	音 テイ　訓 そこ	8	广	まだれ	そこ・もとになるもの	底辺《ていへん》・海底《かいてい》・根底《こんてい》・地底《ちてい》・底力《そこぢから》・底冷《そこび》え・船底《ふなぞこ》	底底底底底底底底

月　　日

ステップ 17

1

次の――線の漢字の読みをひらがなで書きなさい。

1 沖縄県の海の美しさに感動する。

2 メートルは長さを表す単位である。

3 橋や海底トンネルで列島をつなぐ。

4 船で沖に出て漁をする。

5 一兆は一億の一万倍だ。

6 自転車のサドルを低くする。

7 けんかをした友だちと仲直りをする。

8 びんの底をていねいにあらう。

9 犬の置物を部屋にかざる。

10 ツバメが低空をとんでいく。

11 多くの人と仲良《よ》しになりたい。

12 駅前には放置された自転車が多い。

「反対語」と「対応語《たいおう》」

「対義《たいぎ》語」は「反対語」と「対応語」に分けられます。

・反対語…おたがいに反対の意味を持つ言葉。

<れい>高い↔低い　　開ける↔しめる

・対応語…二つの言葉を合わせると一組になる言葉。

<れい>兄－弟　　大人－子ども　　陸上《りくじょう》－海上

2 れいのように、漢字の部首名を後の［　］からえらび、記号で答えなさい。

〈れい〉［辶］返（ケ）

1 ［广］底（　）
2 ［亻］側（　）
3 ［氵］沖（　）
4 ［言］説（　）
5 ［攵］改（　）
6 ［灬］照（　）
7 ［禾］種（　）
8 ［阝］隊（　）

ア ごんべん　イ こざとへん　ウ にんべん
エ れんが・れっか　オ さんずい
カ まだれ　キ のぎへん
ク のぶん・ぼくづくり
ケ しんにょう・しんにゅう

3 上の漢字と下の〔　〕の中の漢字を組み合わせて二字の熟語《じゅくご》を三つ作りなさい。答えは二字とも書きなさい。

1 達〔運・上・成・速・福〕（　）（　）（　）
2 単〔歌・語・身・然・調〕（　）（　）（　）
3 底〔根・食・力・船・電〕（　）（　）（　）
4 置〔安・位・助・乗・配〕（　）（　）（　）
5 低〔温・学・期・高・地〕（　）（　）（　）

4 次の――線のカタカナを漢字になおして書きなさい。

1 オキに向かって海を泳ぐ。
2 ソコのあついサンダルをはく。
3 かみなりが鳴るゼンチョウだ。
4 荷物を下にオいて電車を待つ。
5 今日のサイテイ気温は五度だ。
6 タンゲンごとに小テストがある。
7 ぼくたちは山登りのナカマだ。
8 チテイからよう岩がふき出す。
9 ヒクいしせいで走り出す。
10 スタートのイチに着く。
11 この鉄道はタンセン運転だ。
12 一チョウ円の予算が組まれた。

(　　)　月　日
〈　　〉　月　日
［　　］　月　日

			4	3	2	1
	［　］ /12	〈　〉 /12	(　) /12	/5	/8	/12

漢字練習ノートは別冊《べっさつ》20ページにあります

ステップ 18

漢字	読み	画数	部首	部首名	漢字の意味	用例	筆順
的	音 テキ 訓 まと	8	白	しろ	めあて・まと・たしか・…のような	的中《てきちゅう》・積極的《せっきょくてき》・標的《ひょうてき》・目的《もくてき》・友好的《ゆうこうてき》・的《まと》をねらう	的的的的的的的的
典	音 テン 訓 ――	8	ハ	は	書物・手本・よりどころとなるもの	典拠《てんきょ》・典型《てんけい》・原典《げんてん》・古典《こてん》・祭典《さいてん》・辞典《じてん》・式典《しきてん》	典典典典典典典典
伝	音 デン 訓 つた(わる) つた(える) つた(う)	6	イ	にんべん	つたえる・言いつたえ	伝記《でんき》・伝説《でんせつ》・伝票《でんぴょう》・宣伝《せんでん》・熱《ねつ》が伝《つた》わる・思《おも》いを伝《つた》える	伝伝伝伝伝伝
徒	音 ト 訓 ――	10	彳	ぎょうにんべん	歩いていく・むだな・でし・なかま	徒競走《ときょうそう》・徒歩《とほ》・徒労《とろう》・信徒《しんと》・生徒《せいと》・門徒《もんと》	徒徒徒徒徒徒徒徒徒徒
努	音 ド 訓 つと(める)	7	力	ちから	精《せい》を出す・はげむ	努力《どりょく》・早起《はやお》きに努《つと》める	努努努努努努努
灯	音 トウ 訓 ひ 高	6	火	ひへん	あかり・ともしび	灯火《とうか》・灯台《とうだい》・灯油《とうゆ》・街灯《がいとう》・点灯《てんとう》・電灯《でんとう》	灯灯灯灯灯灯
働	音 ドウ 訓 はたら(く)	13	イ	にんべん	はたらく	実働《じつどう》・労働《ろうどう》・共働《ともばたら》き・会社《かいしゃ》で働《はたら》く	働 2 働 4 働働働 8 働働働働働
特	音 トク 訓 ――	10	牛	うしへん	ふつうとちがう・とびぬけている	特産《とくさん》・特集《とくしゅう》・特色《とくしょく》・特大《とくだい》・特別《とくべつ》・特有《とくゆう》・特急《とっきゅう》・独特《どくとく》	特特特特特特特特特特

ステップ 18

月　　日

1 次の──線の漢字の読みをひらがなで書きなさい。

1 矢は見事に的の中心に当たった。

2 この地方の伝説を話してもらう。

3 努力したので点数が上がった。

4 父は朝早くから市場で働く。

5 家の近くに街灯が取りつけられる。

6 漢字は中国から日本へ伝わった。

7 家から駅まで徒歩で五分かかる。

8 特大サイズのケーキを食べる。

9 国語辞典で言葉の意味を調べる。

10 たくさんの本を読むように努める。

11 予想がずばりと的中した。

12 灯台もと暗し

「対義語《たいぎ》」クイズ

1. 次の言葉の「反対語」を考えてみましょう。
・すわる↔(　　　　　)　・ねる↔(　　　　　)
・左折↔(　　　　　)　・黒星↔(　　　　　)
2. 次の言葉の「対応語《たいおう》」を考えてみましょう。
・草食ー(　　　　　)　・全体ー(　　　　　)
(答えは別冊標準解答《べっさつひょうじゅんかいとう》18ページ)

2 次の漢字の読みは、音読み（ア）ですか、訓読み（イ）ですか。記号で答えなさい。

〈れい〉力《ちから》（イ）

1 束《たば》（　）
2 帯《おび》（　）
3 置《ち》（　）
4 倉《くら》（　）
5 位《くらい》（　）
6 側《そく》（　）
7 折《おり》（　）
8 的《まと》（　）
9 特《とく》（　）
10 努《ど》（　）

3 次の熟語《じゅくご》と意味が反対や対《つい》になることば（対義語《たいぎご》）を□からえらび、漢字になおしなさい。

1 先生―（　）
2 向上―（　）
3 出席―（　）
4 人工―（　）
5 高温―（　）
6 海面―（　）
7 失敗《しっぱい》―（　）
8 最高―（　）
9 入学―（　）
10 起立―（　）

かいてい・けっせき・さいてい・せいこう・せいと・そつぎょう・ちゃくせき・ていおん・ていか・てんねん

4

次の――線のカタカナを漢字になおして書きなさい。

1 有名な発明家の**デンキ**を読む。（　　）
2 番組でスポーツを**トクシュウ**する。（　　）
3 開校を祝う**シキテン**に出席する。（　　）
4 ストーブに使う**トウユ**を買う。（　　）
5 日本の様子を手紙で**ツタ**える。（　　）
6 いよいよ注目の**ト**競走が始まる。（　　）
7 サービスの向上に**ツト**める。（　　）
8 **ハタラ**きがいのある仕事につく。（　　）
9 それは**マトハズ**れな意見だ。（　　）
10 **デントウ**の光に虫があつまる。（　　）
11 **モクテキ**地に向かって進む。（　　）
12 **ドリョク**にまさる天才なし（　　）

月　日
月　日
月　日

1	2	3	4		
／12	／10	／10	／12	／12	／12

漢字練習ノートは別冊《べっさつ》21ページにあります

ステップ19

漢字	徳	栃	奈	梨	熱	念	敗	梅
読み	音 トク 訓 ―	音 ― 訓 とち	音 ナ 訓 ―	音 ― 訓 なし	音 ネツ 訓 あつ(い)	音 ネン 訓 ―	音 ハイ 訓 やぶ(れる)	音 バイ 訓 うめ
画数	14	9	8	11	15	8	11	10
部首	彳	木	大	木	灬	心	攵	木
部首名	ぎょうにんべん	きへん	だい	き	れんが れっか	こころ	のぶん ぼくづくり	きへん
漢字の意味	心や行いがりっぱである・めぐみ・ためになる	トチノキ科のトチ	いかん・いかんせん・なんぞ	果物のナシ・ナシの木	あつい・体温が高いこと・物事にうちこむ	おもい・考え・気をつける・となえる	こわれる・負ける・しくじる・だめになる	(植物の)ウメ・つゆ
用例	徳育《とくいく》・徳用《とくよう》・悪徳《あくとく》・功徳《くどく》・道徳《どうとく》・美徳《びとく》・徳島県《とくしまけん》	栃《とち》の実《み》・栃木県《とちぎけん》	奈落《ならく》・奈良県《ならけん》・神奈川県《かながわけん》	梨《なし》のつぶて・山梨県《やまなしけん》	熱心《ねっしん》・熱帯《ねったい》・熱中《ねっちゅう》・熱湯《ねっとう》・加熱《かねつ》・高熱《こうねつ》・情熱《じょうねつ》・熱《あつ》い湯《ゆ》	念願《ねんがん》・記念《きねん》・疑念《ぎねん》・残念《ざんねん》・信念《しんねん》・専念《せんねん》・断念《だんねん》・入念《にゅうねん》	敗戦《はいせん》・敗北《はいぼく》・完敗《かんぱい》・失敗《しっぱい》・勝敗《しょうはい》・大敗《たいはい》・試合《しあい》に敗《やぶ》れる	寒梅《かんばい》・紅梅《こうばい》・松竹梅《しょうちくばい》・梅酒《うめしゅ》・梅《うめ》ぼし・梅雨《つゆ》
筆順	徳 3 徳 徳 徳 徳 徳 9 徳 徳 徳 徳 14	栃 栃 栃 栃 栃 栃 栃 栃 栃	奈 奈 奈 奈 奈 奈 奈 奈	梨 梨 梨 梨 5 梨 梨 梨 梨 梨 梨	熱 熱 熱 熱 熱 熱 8 熱 熱 熱 熱 15	念 念 念 念 念 念 念 念	敗 敗 敗 4 敗 敗 敗 敗 敗 敗 敗	梅 梅 梅 梅 梅 梅 梅 梅 梅 梅

月　　日

ステップ 19

1 次の——線の漢字の読みをひらがなで書きなさい。

1 夏休みに徳島県に遊びに行く。
2 奈良県の寺院をたずねる。
3 山梨県から富士《ふじ》山をながめる。
4 温泉《おんせん》旅行で栃木県に行く。
5 水中で美しい熱帯魚が泳ぐ。
6 旅行が中止になって残念だ。
7 今日の試合は完敗だった。
8 梅雨前線が北上する。
9 梅は六月ごろに青い実をつける。
10 神奈川県から東京の会社に通う。
11 入念に準備《じゅんび》運動をしてから泳ぐ。
12 鉄は熱いうちに打て

「不《ふ》・無《む》・未《み》」のついた反対語

反対語には「不・無・未」を用いたものが多くあります。
<れい>安心↔不安　有名↔無名　決定↔未定
熟語《じゅくご》の上に「不・無・未」をつけると反対語になるものもあります。
<れい>自然↔不自然　計画↔無計画　成年↔未成年

2 次の――線のカタカナを漢字と送りがな（ひらがな）で書きなさい。

1 ひそひそと**ヒクイ**声で話す。（　）
2 **キヨラカナ**水がわきでる。（　）
3 山小屋へ**ツヅク**道を登る。（　）
4 赤ちゃんがにっこり**ワラウ**。（　）
5 姉は都会で**ハタラク**。（　）
6 この地方に**ツタワル**昔話だ。（　）
7 外を歩いていて日に**ヤケル**。（　）
8 水泳選手が一位を**アラソウ**。（　）
9 むだな手間を**ハブク**。（　）
10 ねんぶつを**トナエル**。（　）
11 転んで手のほねが**オレル**。（　）
12 古い新聞紙を**タバネル**。（　）

3 れいのように、漢字の部首名を後の□からえらび、記号で答えなさい。

〈れい〉［辶］　返（ケ）

1 ［彳］　徒（　）
2 ［心］　念（　）
3 ［灬］　熱（　）
4 ［攵］　敗（　）
5 ［木］　梅（　）
6 ［力］　努（　）
7 ［牛］　特（　）
8 ［囗］　固（　）

ア のぶん・ぼくづくり　イ くにがまえ
ウ きへん　エ れんが・れっか　オ こころ
カ ぎょうにんべん　キ うしへん
ク ちから　ケ しんにょう・しんにゅう

4

次の——線のカタカナを漢字になおして書きなさい。

1 社会**ドウトク**を身につける。（　　）

2 入学式で**キネン**写真をとる。（　　）

3 弁当《べんとう》に**ウメ**ぼしを入れる。（　　）

4 **ナラク**の底に落ちる。（　　）

5 かれは読書に**ネッチュウ**している。（　　）

6 庭に**トチ**の木を植える。（　　）

7 松竹**バイ**のかざりをつける。（　　）

8 父は**ネンガン**の畑を手に入れた。（　　）

9 食後にみずみずしい**ナシ**を食べる。（　　）

10 ライバルとの戦いに**ヤブ**れる。（　　）

11 同じ**シッパイ**をくり返さない。（　　）

12 母の愛にむねが**アツ**くなる。（　　）

月　日　月　日　月　日

1　／12	2　／12	3　／8	4（　）／12	〈　〉／12	[　]／12

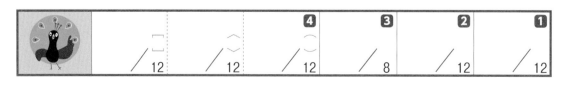

漢字練習ノートは別冊《べっさつ》22ページにあります

ステップ20

漢字	読み	画数	部首	部首名	漢字の意味	用例
博	音 ハク バク高 訓 —	12	十	じゅう	ひろく知る・大きくひろい・ばくち	博愛《はくあい》・博学《はくがく》・博識《はくしき》・博物館《はくぶつかん》・博覧《はくらん》・博徒《ばくと》
阪	音 ハン中 訓 —	7	阝	こざとへん	さか・傾斜《けいしゃ》している道・大阪《おおさか》のこと	大阪府《おおさかふ》
飯	音 ハン 訓 めし	12	飠	しょくへん	ごはん・めし	飯台《はんだい》・赤飯《せきはん》・夕飯《ゆうはん》・にぎり飯《めし》・焼《や》き飯《めし》
飛	音 ヒ 訓 と(ぶ) と(ばす)	9	飛	とぶ	とぶ・とびあがる・はやい	飛行機《ひこうき》・飛散《ひさん》・飛来《ひらい》・飛《と》び交《か》う・鳥《とり》が飛《と》ぶ
必	音 ヒツ 訓 かなら(ず)	5	心	こころ	かならず・しなければならない	必見《ひっけん》・必死《ひっし》・必至《ひっし》・必勝《ひっしょう》・必然《ひつぜん》・必要《ひつよう》・必《かなら》ず読《よ》む
票	音 ヒョウ 訓 —	11	示	しめす	ふだ・書きこみのできる小さな用紙	票決《ひょうけつ》・開票《かいひょう》・伝票《でんぴょう》・投票《とうひょう》・得票《とくひょう》・白票《はくひょう》
標	音 ヒョウ 訓 —	15	木	きへん	しるし・めあて・はっきりとしめす	標記《ひょうき》・標語《ひょうご》・標高《ひょうこう》・標準《ひょうじゅん》・標的《ひょうてき》・標本《ひょうほん》・道標《どうひょう》・目標《もくひょう》
不	音 フ ブ 訓 —	4	一	いち	…でない・…しない	不意《ふい》・不思議《ふしぎ》・不順《ふじゅん》・不足《ふそく》・不通《ふつう》・不便《ふべん》・不漁《ふりょう》・不気味《ぶきみ》

筆順

月　日

ステップ 20

1

次の――線の漢字の読みをひらがなで書きなさい。

1 博物館の見学を楽しみにしている。

2 試合の前に神社で必勝をいのる。

3 人通りの少ない夜道は不気味だ。

4 大雨で道路が不通になる。

5 お祝いに母が赤飯をたいてくれた。

6 大阪城の絵はがきを送る。

7 めずらしいチョウの標本がならぶ。

8 外出前には必ず火の元をたしかめる。

9 今年もわたり鳥が飛来した。

10 たくさんの伝票をファイルにまとめる。

11 山の上でにぎり飯をほおばる。

12 飛んで火に入る夏の虫

筆順について①

筆順は、字全体が正しく、整った形に自然に書けるように、長い間にできあがったものです。次に主なきまりをあげます。

①上から下へ書いていく。　立→ ' 亠 亣 立 立

②左から右へ書いていく。　川→ 丿 川 川

③横画を先に書く。　十→ 一 十

<れい外>縦画《たてかく》を先に書く字…田・由など（筆順について②に続きます。）

2 上の漢字と下の〔　〕の中の漢字を組み合わせて二字の熟語《じゅくご》を三つ作りなさい。答えは二字とも書きなさい。

1 標（　）（　）（　）〔感・高・的・道・負〕

2 不（　）（　）（　）〔広・順・昨・漁・足〕

3 票（　）（　）（　）〔開・決・康・糸・白〕

4 念（　）（　）（　）〔果・完・記・残・信〕

5 熱（　）（　）（　）〔加・求・湯・高・単〕

3 次の上の漢字の太い画のところは筆順の何画目か、下の漢字の総《そう》画数は何画か、算用数字（1、2、3…）で答えなさい。

〈れい〉正（3）字（6）

1 博（　）（　）

2 康（　）（　）

3 帯（　）（　）

4 飯（　）（　）

5 差（　）（　）

6 兆（　）（　）

7 飛（　）（　）

8 熱（　）（　）

9 節（　）（　）

10 浅（　）（　）

4 次の——線のカタカナを漢字になおして書きなさい。

1 努力してモクヒョウを達成する。（　）
2 弁当《べんとう》はカナラず持っていく。（　）
3 ヒコウ機を使って帰省する。（　）
4 フシギなゆめを見て目が覚めた。（　）
5 焼きメシはぼくの好物だ。（　）
6 兄はハクガクで話がおもしろい。（　）
7 交通安全のヒョウゴを作る。（　）
8 ゴールを目指してヒッシに走る。（　）
9 シャボン玉を空へトばす。（　）
10 明日は選挙のトウヒョウ日だ。（　）
11 米がフソクする。（　）
12 ユウハンのおかずに魚を焼く。（　）

月　日　　月　日　　月　日

1	2	3	4（　）	〈　〉	〔　〕	
／12	／5	／10	／12	／12	／12	

力だめし

第4回

総得点

/100

評価

A

80点 B

75点 C

70点 D

60点 E

月　日

1 次の――線の漢字の読みをひらがなで書きなさい。

1×10 /10

1 単発の花火が打ちあがった。

2 教育を通じて道徳心をやしなう。

3 木のくいに縄をゆわえつける。

4 漢和辞典で読み方を調べる。

5 仕事場での働きがみとめられる。

6 新聞を束ねて家の外に運ぶ。

7 奈落からはいあがる。

8 なだれの兆候が見られる。

9 栃の木に実がなっている。

10 苦は楽の種

2 次の上の漢字の太い画のところは筆順の何画目か、下の漢字の総《そう》画数は何画か、算用数字（1、2、3…）で答えなさい。

1×10 /10

〈れい〉正（3）字（6）

1 単

2 兆

3 隊

4 焼

5 争

6 梅

7 典

8 祝

9 徳

10 働

3 次の漢字の読みは、音読み（ア）ですか、訓読み（イ）ですか。記号で答えなさい。

1×10 ／10

〈れい〉力《ちから》（イ）

1 側《がわ》（　）
2 博《はく》（　）
3 巣《す》（　）
4 梅《ばい》（　）
5 隊《たい》（　）
6 関《せき》（　）
7 飯《はん》（　）
8 芽《め》（　）
9 管《かん》（　）
10 孫《まご》（　）

4 次の——線のカタカナを○の中の漢字と送りがな（ひらがな）で書きなさい。

2×10 ／20

〈れい〉㊣ タダシイ字を書く。（正しい）

1 伝 父の言葉をツタエル。（　）
2 浅 アサイ川をわたる。（　）
3 照 月が湖面をテラス。（　）
4 選 足に合うくつをエラブ。（　）
5 努 体力の向上にツトメル。（　）
6 働 祝日もハタライている。（　）
7 戦 力のかぎりタタカウ。（　）
8 必 カナラズもどってくる。（　）
9 固 土台をカタメル。（　）
10 結 おみくじを木にムスブ。（　）

5

上の漢字と下の□の中の漢字を組み合わせて二字の熟語《じゅくご》を二つ作り、記号で答えなさい。

2×5 ／10

〈れい〉校

ア門　イ学　ウ海　エ体　オ読

（イ）校・校（ア）

1 灯

ア内　イ台　ウ消　エ切　オ時

（　）灯・灯（　）

2 信

ア主　イ自　ウ札　エ念　オ戸

（　）信・信（　）

3 産

ア業　イ改　ウ欠　エ特　オ倉

（　）産・産（　）

4 底

アカ　イ洋　ウ返　エ信　オ海

（　）底・底（　）

5 隊

ア号　イ巣　ウ長　エ以　オ軍

（　）隊・隊（　）

6

後の□の中のひらがなを漢字になおして、意味が反対や対《つい》になることば（対義《たいぎ》語）を書きなさい。□の中のひらがなは一度だけ使い、漢字一字を書きなさい。

1×10 ／10

〈れい〉室内―室（外）

1 高地―（　）地

2 成功―失（　）

3 集まる―（　）る

4 平行―（　）差

5 起立―着（　）

6 人工―天（　）

7 最終―最（　）

8 中止―（　）行

9 先生―生（　）

10 入学―（　）業

こう・しょ・せき・そつ・ぞっ・ち・てい・と・ねん・ぱい

7 次の――線のカタカナに合う漢字をえらび、記号で答えなさい。

2×5 /10

1 このあたり一**タイ**に雨がふった。（ア対 イ体 ウ帯）（　）

2 電**トウ**のスイッチをつける。（ア頭 イ灯 ウ登）（　）

3 委員長は投**ヒョウ**で決める。（ア票 イ表 ウ氷）（　）

4 隊列を組んで鳥が**ヒ**来する。（ア皮 イ悲 ウ飛）（　）

5 姉と平泳ぎで競**ソウ**する。（ア想 イ争 ウ倉）（　）

8 次の――線のカタカナを漢字になおして書きなさい。

2×10 /20

1 妹が**フシギ**そうに手品を見ている。（　）

2 貝がらの**ヒョウホン**を作る。（　）

3 ぼうけんの**ナカマ**を集める。（　）

4 薬のききめが**ジゾク**する。（　）

5 **オキ**の方から波がおしよせる。（　）

6 料理《りょうり》のうでが**ジョウタツ**する。（　）

7 歩いて**モクテキ**地に向かう。（　）

8 台にほとけ様を**アンチ**する。（　）

9 **アツ**いスープをゆっくり飲む。（　）

10 大好物の**ナシ**がデザートに出た。（　）

クイズであそぼ！ 7

絵のタケノコの中に、「竹」の字と組み合わせて漢字になるものが五つあるよ。できた漢字を左の竹の中に書こう。

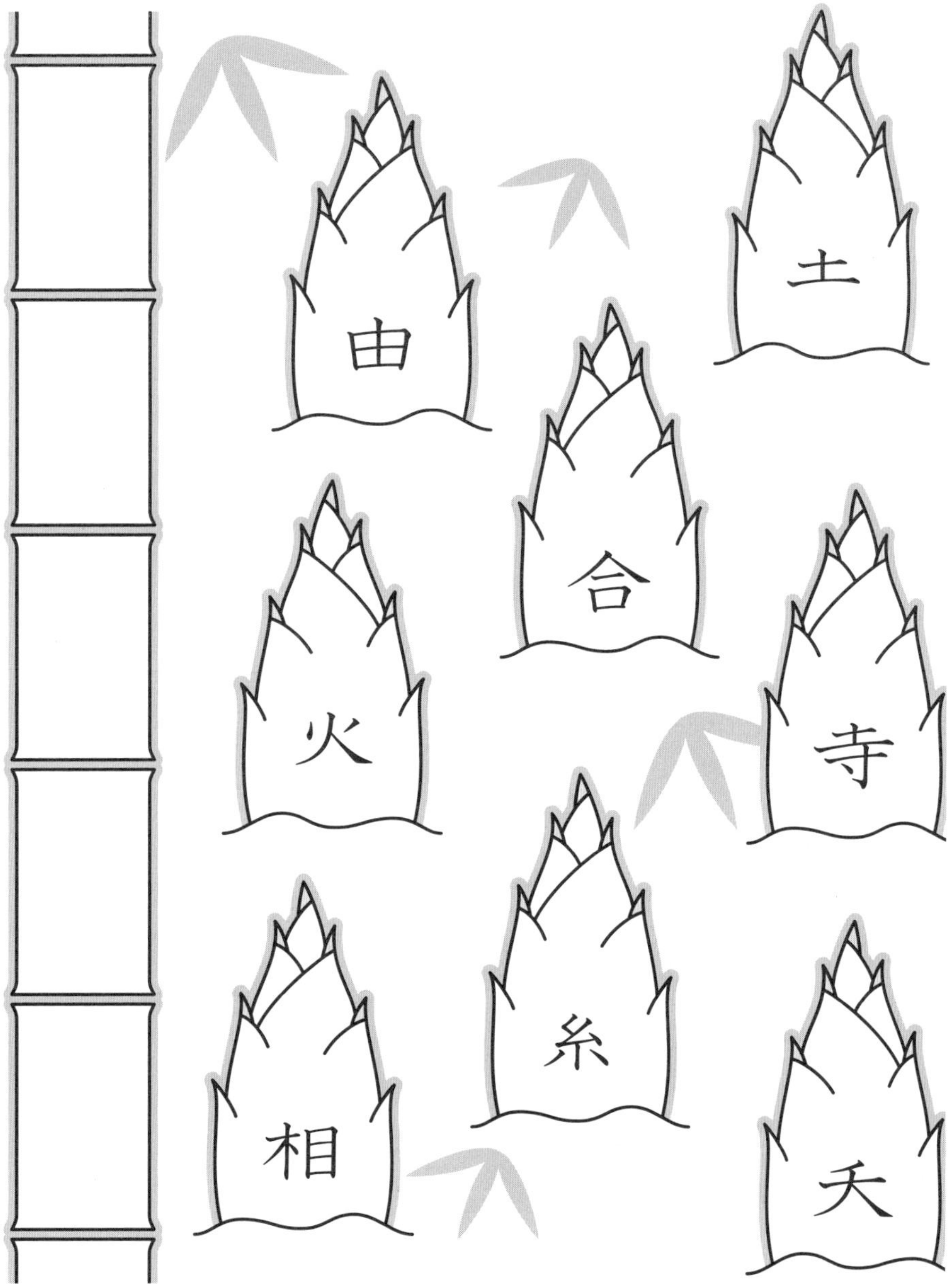

答えは 別冊標準解答《べっさつひょうじゅんかいとう》 23 ページ

クイズであそぼ！ 8

タコの頭の上にのっているバケツの漢字は、タコが持っているバケツの漢字と組み合わせて熟語《じゅくご》を作ることができるよ。頭の上のバケツの漢字の見えない部分を書いて、漢字を完成させよう。

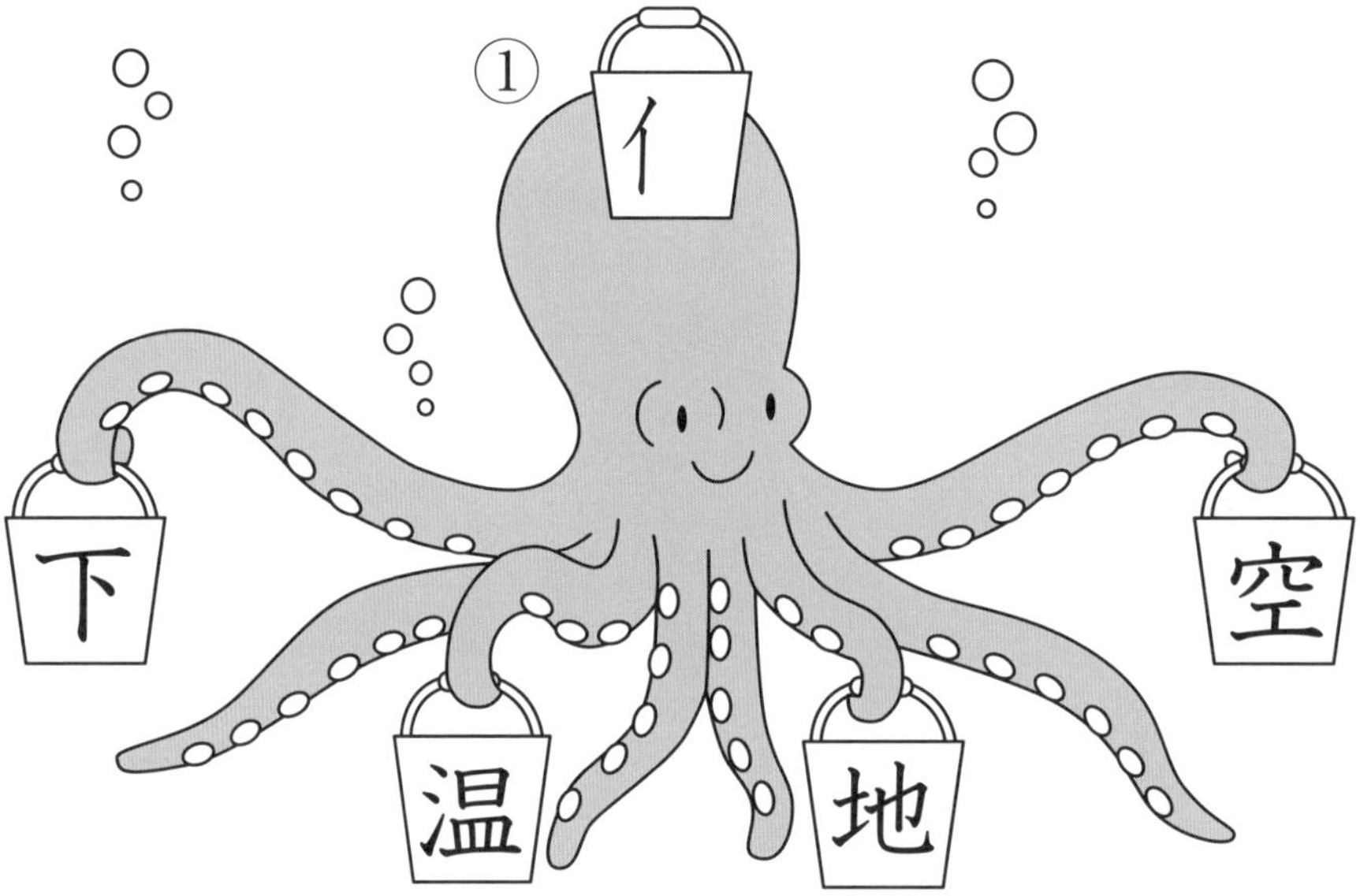

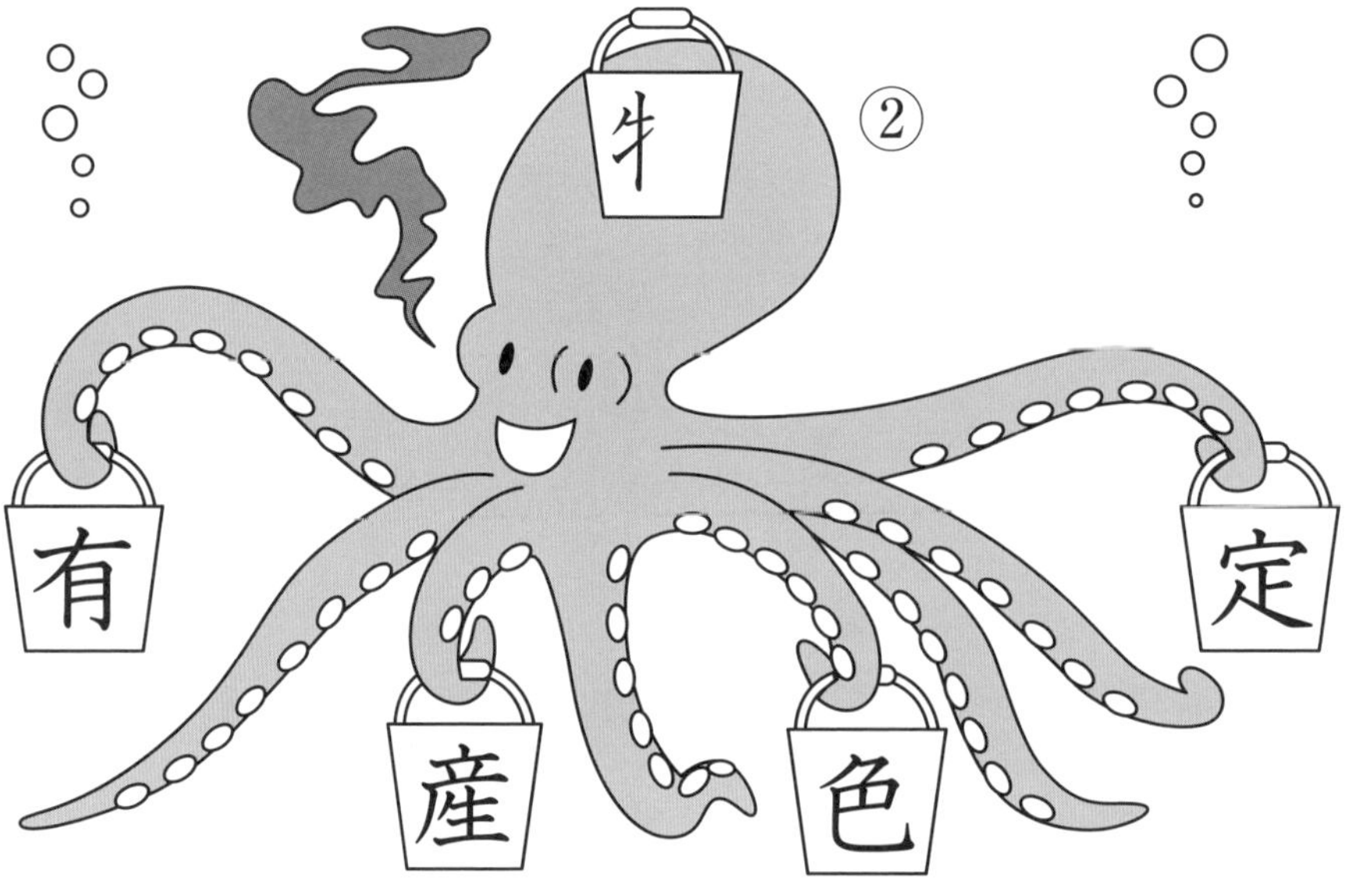

答えは 別冊標準解答《べっさつひょうじゅんかいとう》 23 ページ

漢字練習ノートは別冊《べっさつ》23ページにあります

ステップ 21

漢字	読み	画数	部首	部首名	漢字の意味	用例	筆順
夫	音 フ、フウ(中)　訓 おっと	4	大	だい	おっと・一人前の男・労働《ろうどう》にたずさわる男	夫妻《ふさい》・夫人《ふじん》・丈夫《じょうぶ》・夫婦《ふうふ》・工夫《くふう》・妻《つま》と夫《おっと》	夫
付	音 フ　訓 つ(ける)、つ(く)	5	亻	にんべん	くっつける・あたえる・たのむ	付近《ふきん》・付着《ふちゃく》・付録《ふろく》・給付《きゅうふ》・配付《はいふ》・受付《うけつけ》・名札《なふだ》を付《つ》ける	付
府	音 フ　訓 ―	8	广	まだれ	役所・みやこ・行政《ぎょうせい》区画の一つ	学府《がくふ》・政府《せいふ》・都道府県《とどうふけん》・幕府《ばくふ》	府
阜	音 フ　訓 ―	8	阜	おか	おか・台地・大きい・ゆたか・盛《さか》んである	岐阜県《ぎふけん》	阜
富	音 フ、フウ(高)　訓 と(む)、とみ	12	宀	うかんむり	財産《ざいさん》を多くもつ・じゅうぶん・多い	富強《ふきょう》・富裕《ふゆう》・豊富《ほうふ》・富貴《ふうき》《ふっき》・変化《へんか》に富《と》む・富《とみ》をなす	富
副	音 フク　訓 ―	11	刂	りっとう	そえてたすけとする・ひかえ	副会長《ふくかいちょう》・副業《ふくぎょう》・副作用《ふくさよう》・副食《ふくしょく》・副本《ふくほん》	副
兵	音 ヘイ、ヒョウ　訓 ―	7	八	は	軍人・へいたい・武器《ぶき》・いくさ・戦争	兵器《へいき》・兵士《へいし》・兵隊《へいたい》・出兵《しゅっぺい》・水兵《すいへい》・歩兵《ほへい》・兵糧《ひょうろう》・雑兵《ぞうひょう》	兵
別	音 ベツ　訓 わか(れる)	7	刂	りっとう	わかれる・わける・ほかの	別件《べっけん》・区別《くべつ》・差別《さべつ》・送別《そうべつ》・特別《とくべつ》・分別《ふんべつ》《ぶんべつ》・友達《ともだち》と別《わか》れる	別
辺	音 ヘン　訓 あた(り)、べ	5	辶	しんにょう、しんにゅう	その場所の近く・あたり・はて	辺境《へんきょう》・近辺《きんぺん》・四辺《しへん》・周辺《しゅうへん》・辺《あた》り一面《いちめん》・海辺《うみべ》・岸辺《きしべ》	辺

月　日

ステップ 21

1 次の――線の漢字の読みをひらがなで書きなさい。

1 姉は児童会の副会長をしている。

2 この辺りの農家は主に野菜を作る。

3 キュリー夫人の伝記を読む。

4 岸辺にスミレがさいている。

5 家庭から出るごみを正しく分別する。

6 受付で自分の名前を記入する。

7 兵器をなくすために話し合う。

8 大学の周辺には多くの書店がある。

9 わたしは京都府に住んでいる。

10 岐阜県の観光名所をたずねる。

11 栄養《えいよう》に富んだ食物をとる。

12 会うは別れの始め

筆順について②

④中の画を先に書く。　水→亅オ才水

<れい外>中の画を後に書く字…火・「りっしんべん」の字（情など）

⑤外側の囲《かこ》みを先に書く。　国→丨冂国国

<れい外>外側の囲みを後に書く字…区・臣など

⑥左はらいを先に書く。　文→ˋ亠ナ文

⑦つらぬく縦画《たてかく》は最後に書く。　中→丨口口中

2 れいのように、漢字の部首名を後の□から選び、記号で答えなさい。

〈れい〉［言］語（ケ）

1 ［刂］副（　）
2 ［广］府（　）
3 ［宀］富（　）
4 ［辶］辺（　）
5 ［木］標（　）
6 ［牛］特（　）
7 ［亻］側（　）
8 ［⺮］笑（　）

ア うかんむり　イ うしへん　ウ にんべん
エ たけかんむり　オ りっとう　カ まだれ
キ きへん　ク しんにょう・しんにゅう
ケ ごんべん

3 次の漢字の読みは、音読み（ア）ですか、訓読み（イ）ですか。記号で答えなさい。

〈れい〉力《ちから》（イ）

1 別《べつ》（　）
2 兵《へい》（　）
3 飯《めし》（　）
4 票《ひょう》（　）
5 梅《うめ》（　）
6 副《ふく》（　）
7 夫《おっと》（　）
8 飛《ひ》（　）
9 博《はく》（　）
10 的《まと》（　）

4 次の――線のカタカナを漢字になおして書きなさい。

1 魚や貝が豊《ほう》フにとれる。
2 オットは外国へ旅行中です。
3 旅先で早朝のウミベを父と歩く。
4 駅のフキンはいつもにぎやかだ。
5 トクベツなあつかいを受ける。
6 選手が都道フケンごとに入場する。
7 「かもめのスイヘイさん」を歌う。
8 アタりに人かげは見あたらない。
9 トミと名声を手に入れる。
10 薬のフク作用の話を聞く。
11 このキンペンは家が少ない。
12 早起きの習慣《しゅうかん》が身にツく。

（　）月　日
〈　〉月　日
［　］月　日

			4	3	2	1
［　］／12	〈　〉／12	（　）／12		／10	／8	／12

漢字練習ノートは別冊《べっさつ》24ページにあります

ステップ22

漢字	変	便	包	法	望	牧	末	満
読み	音 ヘン 訓 か(わる) か(える)	音 ベン ビン 訓 たよ(り)	音 ホウ 訓 つつ(む)	音 ホウ ハッ 高 ホッ 高 訓 —	音 ボウ モウ 中 訓 のぞ(む)	音 ボク 訓 まき 中	音 マツ バツ 高 訓 すえ	音 マン 訓 み(ちる) み(たす)
画数	9	9	5	8	11	8	5	12
部首	夂	イ	勹	氵	月	牜	木	氵
部首名	すいにょう ふゆがしら	にんべん	つつみがまえ	さんずい	つき	うしへん	き	さんずい
漢字の意味	かわる・ふつうでない・突然《とつぜん》のできごと	つごうがよい・手紙・たより・ふんや尿《にょう》	つつむ	おきて・きまり・礼儀《れいぎ》・やり方・仏《ほとけ》の教え	遠くをながめる・ねがう・人気	家畜《かちく》を飼《か》う・教えみちびく	はし・最後・あとのほう・こまかい	いっぱいになる・全体におよぶ
用例	変化《へんか》・変形《へんけい》・変動《へんどう》・異変《いへん》・急変《きゅうへん》・大変《たいへん》・日《ひ》が変《か》わる	便利《べんり》・簡便《かんべん》・不便《ふべん》・便乗《びんじょう》・郵便《ゆうびん》・花《はな》の便《たよ》り	包囲《ほうい》・包帯《ほうたい》・包丁《ほうちょう》・包容《ほうよう》・内包《ないほう》・包《つつ》み紙《がみ》	法事《ほうじ》・法律《ほうりつ》・作法《さほう》・手法《しゅほう》・方法《ほうほう》・法度《はっと》	望遠鏡《ぼうえんきょう》・希望《きぼう》・失望《しつぼう》・要望《ようぼう》・本望《ほんもう》・平和《へいわ》を望《のぞ》む	牧師《ぼくし》・牧場《ぼくじょう》・牧草《ぼくそう》・牧歌《ぼっか》・放牧《ほうぼく》・遊牧《ゆうぼく》	末代《まつだい》・結末《けつまつ》・始末《しまつ》・週末《しゅうまつ》・粉末《ふんまつ》・文末《ぶんまつ》・末子《ばっし》《まっし》・末《すえ》っ子《こ》	満員《まんいん》・満開《まんかい》・満足《まんぞく》・満天《まんてん》・充満《じゅうまん》・未満《みまん》・水《みず》を満《み》たす
筆順	変 変 変 変 変 変 変 変 変	便 便 便 便 便 便 便 便 便	包 包 包 包 包	法 法 法 法 法 法 法 法	望 望 望 望 望 望[7] 望 望 望 望	牧 牧 牧 牧 牧 牧 牧 牧	末 末 末 末 末	満[2] 満[4] 満 満 満 満 満 満 満 満

月　　日

ステップ 22

1 次の——線の漢字の読みをひらがなで書きなさい。

1 心から望めば願いはかなうはずだ。

2 冬山は気温の変化がはげしい。

3 満天の星空を見上げる。

4 別便で大きな荷物がとどいた。

5 けがをした足に包帯をまく。

6 牛がおいしそうに牧草を食べている。

7 母からお茶の作法を習う。

8 ホテルの部屋から海を一望する。

9 相手の顔色が急に変わった。

10 わたしは三人兄弟の末っ子だ。

11 バケツにいっぱい水を満たす。

12 便りのないのはよい便り

漢字のいろいろな読み方

次のものは、いろいろな読み方がある漢字です。読みくらべてみましょう。

・重…重大《じゅうだい》・重用《ちょうよう》・一重《ひとえ》

・人…人口《じんこう》・人間《にんげん》・人波《ひとなみ》

・小…小学校《しょうがっこう》・小雪《こゆき》・小川《おがわ》

・大…大学《だいがく》・大会《たいかい》・大雨《おおあめ》

2 次の――線のカタカナを漢字になおして書きなさい。

1 古い新聞がヘン色している。
2 正方形は四ヘンの長さが同じだ。
3 社長フ人の役をたのまれる。
4 台風でトンネルがフ通になる。
5 生徒会のフク会長になる。
6 幸フクな人生を送る。
7 昨日はトク別に寒かった。
8 道トクをわきまえる。
9 テイ音のパートを歌う。
10 深海魚が海テイにひそむ。

3 次のカタカナを漢字になおし、一字だけ書きなさい。

1 ボウ遠鏡
2 登山タイ
3 ト競走
4 フ思議
5 目テキ地
6 ネッ帯魚
7 ハク物館
8 決勝セン
9 積キョク的
10 フク作用

4 次の——線のカタカナを漢字になおして書きなさい。

1 アンズの花がマンカイになる。
2 ここは交通のフベンな所だ。
3 苦労《くろう》のスエ、実験は成功した。
4 天体ボウエン鏡で星を見る。
5 あれ地をたがやして畑にカえる。
6 いちばんよいホウホウを選ぶ。
7 夜になって海の水がミちてきた。
8 広いボクジョウで牛や馬をかう。
9 南の国から花のタヨりがとどく。
10 シュウマツの予定を立てる。
11 町は夕やみにツツまれた。
12 病人の様子がキュウヘンする。

月　日

月　日

月　日

		4	3	2	1
／12	／12	／12	／10	／10	／12

漢字練習ノートは別冊《べっさつ》25ページにあります

ステップ23

漢字	読み	画数	部首	部首名	漢字の意味	用例	筆順
未	音 ミ 訓 ―	5	木	き	まだ…しない	未完成《みかんせい》・未然《みぜん》・未定《みてい》・未来《みらい》・前人未到《ぜんじんみとう》	未 未 未 未 未
民	音 ミン 訓 たみ 中	5	氏	うじ	ふつうの人	民芸品《みんげいひん》・民主《みんしゅ》・民宿《みんしゅく》・民族《みんぞく》・住民《じゅうみん》・民《たみ》の声《こえ》	民 民 民 民 民
無	音 ム ブ 訓 な(い)	12	灬	れんが れっか	…がない	無数《むすう》・無名《むめい》・無理《むり》・無料《むりょう》・有無《うむ》・無事《ぶじ》・自信《じしん》が無《な》い	無 無 無 無 無 無 無 無 無 無12
約	音 ヤク 訓 ―	9	糸	いとへん	とりきめ・きりつめる・およそ・だいたい	約束《やくそく》・条約《じょうやく》・節約《せつやく》・予約《よやく》・要約《ようやく》	約 約 約 約 約 約 約 約 約
勇	音 ユウ 訓 いさ(む)	9	力	ちから	いさましい・思いきりがよい	勇敢《ゆうかん》・勇気《ゆうき》・勇士《ゆうし》・勇者《ゆうしゃ》・武勇《ぶゆう》・勇《いさ》み足《あし》・勇《いさ》ましい姿《すがた》	勇 勇 勇 勇 勇 勇 勇 勇 勇
要	音 ヨウ 訓 かなめ い(る) 中	9	覀	おおいかんむり	だいじな・もとめる・なくてはならない	要点《ようてん》・要約《ようやく》・重要《じゅうよう》・必要《ひつよう》・チームの要《かなめ》・勇気《ゆうき》が要《い》る	要 要 要 要 要 要 要 要 要
養	音 ヨウ 訓 やしな(う)	15	食	しょく	やしなう・そだてあげる・心をゆたかにする	養育《よういく》・養子《ようし》・養分《ようぶん》・栄養《えいよう》・休養《きゅうよう》・静養《せいよう》・子《こ》を養《やしな》う	養2 養 養 養6 養8 養10 養12 養 養 養

月　　日

ステップ 23

1 次の――線の漢字の読みをひらがなで書きなさい。

1 今回の旅行では民宿にとまる。

2 勇ましいかけ声が道場から聞こえる。

3 栄養のバランスを考えて食事する。

4 冬山登山をした兄が無事に帰る。

5 地球の未来をみんなで考えよう。

6 近所の住民が話し合いをする。

7 家から学校まで約八百メートルある。

8 無数の星が夜空にきらめく。

9 休みを取って英気を養う。

10 入学に必要な学用品をそろえる。

11 かれは真の勇者だ。

12 火の無いところにけむりは立たぬ

発音が同じ言葉のかんちがい

兄：おじいさんが、**じしん**の伝記を書くんだって。
弟：あの**じしん**の体験を生かしてかい？
兄：**じしん**があるみたいだよ。
弟：え？　いつ？

兄は「おじいさんが、**自身**の伝記に**自信**があるようだ」と言っているのに、弟は「**地震**《じしん》」のことだとかんちがいしています。

2 次の——線のカタカナに合う漢字をえらび、記号で答えなさい。

1 電気を**セツ**約して使う。（ア折　イ節　ウ切）（　）
2 町の人口の**ヘン**動を調べる。（ア返　イ辺　ウ変）（　）
3 虫の**ヒョウ**本を作る。（ア表　イ票　ウ標）（　）
4 問題をとく方**ホウ**を考える。（ア放　イ法　ウ包）（　）
5 空気のよい所で静**ヨウ**する。（ア養　イ要　ウ陽）（　）
6 **フ**意に声をかけられおどろく。（ア不　イ夫　ウ府）（　）
7 **フク**食の品目を考える。（ア服　イ副　ウ福）（　）

3 次の——線のカタカナを漢字と送りがな（ひらがな）で書きなさい。

1 **イサマシイ**行進曲だ。（　）
2 毎日**カナラズ**歯をみがこう。（　）
3 **アタリ**一面が雪景色だ。（　）
4 友だちと駅で**ワカレル**。（　）
5 東の空が赤みを**オビル**。（　）
6 きれいな紙で箱を**ツツム**。（　）
7 広場で竹とんぼを**トバス**。（　）
8 コップを水で**ミタス**。（　）
9 アンテナを取り**ツケル**。（　）
10 対戦相手に**ヤブレル**。（　）
11 日本で**モットモ**高い山だ。（　）
12 **アツイ**お茶をいれる。（　）

4

次の――線のカタカナを漢字になおして書きなさい。

1 ムメイの歌手に注目が集まる。（　）

2 夏にとまる旅館のヨヤクをする。（　）

3 運動をして体力をヤシナう。（　）

4 先生の言葉にユウキづけられた。（　）

5 おみやげは外国のミンゲイ品だ。（　）

6 あの選手はチームのカナメだ。（　）

7 今月のおこづかいがナくなった。（　）

8 ヨウテンをノートにまとめる。（　）

9 自転車の事故《じこ》をミゼンにふせぐ。（　）

10 父はイサんでつりに出かけた。（　）

11 ムリをして体調をくずした。（　）

12 球根にヨウブンをたくわえる。（　）

月　日　月　日　月　日

	4	3	2	1
［　］／12 〈　〉／12 （　）／12		／12	／7	／12

ステップ 24

漢字	読み	画数	部首	部首名	漢字の意味	用例	筆順
浴	音 ヨク 訓 あ(びる) あ(びせる)	10	氵	さんずい	湯・水・光などをあびる	浴室《よくしつ》・海水浴《かいすいよく》・森林浴《しんりんよく》・日光浴《にっこうよく》・入浴《にゅうよく》・水浴《みずあ》び	浴 浴 浴 浴 浴 浴 浴 浴 浴 浴
利	音 リ 訓 き(く) 高	7	刂	りっとう	よく切れる・役に立つ・もうけ・かしこい	利益《りえき》・利害《りがい》・利用《りよう》・勝利《しょうり》・便利《べんり》・有利《ゆうり》・砂利《じゃり》	利 利 利 利 利 利 利
陸	音 リク 訓 ―	11	阝	こざとへん	水におおわれていない土地	陸上《りくじょう》・陸路《りくろ》・陸橋《りっきょう》・上陸《じょうりく》・大陸《たいりく》・着陸《ちゃくりく》・内陸《ないりく》	陸 陸 陸 陸 陸 陸 陸 陸 陸10 陸
良	音 リョウ 訓 よ(い)	7	艮	ねづくり こんづくり	すぐれている・よい	良心《りょうしん》・良薬《りょうやく》・改良《かいりょう》・優良《ゆうりょう》・良《よ》い機会《きかい》・仲良《なかよ》し・野良《のら》	良 良 良 良 良 良 良
料	音 リョウ 訓 ―	10	斗	とます	きりもりする・代金・もとになるもの	料金《りょうきん》・料理《りょうり》・給料《きゅうりょう》・原料《げんりょう》・材料《ざいりょう》・食料《しょくりょう》・無料《むりょう》・有料《ゆうりょう》	料 料 料 料 料 料 料 料 料 料
量	音 リョウ 訓 はか(る)	12	里	さと	はかる・かさ・めかた・心や能力《のうりょく》の大きさ	量産《りょうさん》・音量《おんりょう》・計量《けいりょう》・水量《すいりょう》・測量《そくりょう》・大量《たいりょう》・体重《たいじゅう》を量《はか》る	量 量 量4 量 量 量 量9 量 量 量
輪	音 リン 訓 わ	15	車	くるまへん	車のわ・まるいもの・かわるがわる・まわり	輪唱《りんしょう》・一輪車《いちりんしゃ》・大輪《たいりん》・首輪《くびわ》・指輪《ゆびわ》・輪《わ》になる	輪 輪5 輪 輪 輪9 輪 輪 輪 輪 輪15
類	音 ルイ 訓 たぐ(い)	18	頁	おおがい	たぐい・にている・近くへおよぶこと	類型《るいけい》・類似《るいじ》・衣類《いるい》・種類《しゅるい》・書類《しょるい》・分類《ぶんるい》	類2 類 類 類6 類9 類 類 類13 類16 類18

月　　日

ステップ 24

1 次の――線の漢字の読みをひらがなで書きなさい。

1 浴室でかみの毛をあらった。

2 油の量り売りをしている店がある。

3 雨で池の水量がふえる。

4 空きびんを利用して花を生ける。

5 大きな輪になってダンスをおどる。

6 台風が本州に上陸する。

7 愛犬が庭先で水浴びをしている。

8 冬の衣類をクリーニングに出す。

9 自転車で風を切って気持ち良く走る。

10 工作の材料をそろえる。

11 校庭で一輪車に乗って遊ぶ。

12 良薬は口ににがし

同じ音で意味がちがう熟語《じゅくご》

・きかん………気管・器官・機関・期間・帰館

・じどう………児童・自動

・しょうか……唱歌・消火・消化・商家

・りょうしん…良心・両親

文の前後の意味を正しく読み取って、意味に合った熟語を書きましょう。

2 次の各組の——線の漢字の読みをひらがなで書きなさい。

1 と石で包丁をとぐ。（　　）
2 包み紙を折りたたむ。（　　）

3 妹の話を聞いて勇気が出た。（　　）
4 遠足の朝、勇んで家を出た。（　　）

5 必要のない物をすてる。（　　）
6 守りの要はゴールキーパーだ。（　　）

7 夏休みに海水浴へ行く。（　　）
8 朝日を浴びて雪原が光る。（　　）

9 物語の結末を楽しみにする。（　　）
10 春に末の弟が一年生になる。（　　）

11 道具を使いやすく改良する。（　　）
12 公園で仲良く遊ぶ。（　　）

3 次の漢字の読みは、音読み（ア）ですか、訓読み（イ）ですか。記号で答えなさい。

〈れい〉力《ちから》（イ）

1 変《へん》（　　）
2 底《そこ》（　　）
3 無《ぶ》（　　）
4 陸《りく》（　　）
5 塩《しお》（　　）

6 街《まち》（　　）
7 約《やく》（　　）
8 類《るい》（　　）
9 民《みん》（　　）
10 輪《わ》（　　）

4 次の――線のカタカナを漢字になおして書きなさい。

1 交通のベンリな所に住む。
2 サツマイモの重さをハカる。
3 外に出て日光ヨクを楽しむ。
4 ぼくたち兄弟はナカヨしだ。
5 タイリンのキクが見事にさく。
6 母に習って魚をリョウリする。
7 周囲《しゅうい》の注目を一身にアびる。
8 漢字を部首ごとにブンルイする。
9 テレビのオンリョウを下げる。
10 飛行機が無事にチャクリクした。
11 母はユビワをはめて出かけた。
12 リョウシンを持って行動する。

（　）　〈　〉　［　］　月　日　月　日　月　日

1	2	3	4（　）	〈　〉	［　］	
／12	／12	／10	／12	／12	／12	

ステップ 25

漢字	読み	画数	部首	部首名	漢字の意味	用例	筆順
令	音 レイ 訓 ―	5	人	ひとやね	いいつける・きまり・りっぱな	令息《れいそく》・号令《ごうれい》・指令《しれい》・司令《しれい》・辞令《じれい》・発令《はつれい》・法令《ほうれい》・命令《めいれい》	令 令 令 令 令
冷	音 レイ 訓 つめ(たい) ひ(える) ひ(や)・ひ(やす) ひ(やかす) さ(める) さ(ます)	7	冫	にすい	つめたい・心にあたたかみがない	冷静《れいせい》・寒冷《かんれい》・冷《つめ》たい風《かぜ》・底冷《そこび》え・湯冷《ゆざ》まし	冷 冷 冷 冷 冷 冷 冷
例	音 レイ 訓 たと(える)	8	亻	にんべん	しきたりとなっているもの・見本	例外《れいがい》・例年《れいねん》・例文《れいぶん》・用例《ようれい》・花《はな》に例《たと》える	例 例 例 例 例 例 例 例
連	音 レン 訓 つら(なる) つら(ねる) つ(れる)	10	辶	しんにょう しんにゅう	つらなる・つづけて・ひきつれる・なかま	連休《れんきゅう》・連日《れんじつ》・連勝《れんしょう》・連続《れんぞく》・関連《かんれん》・山《やま》が連《つら》なる	連 連 連 連 連 連 連 連 連 連
老	音 ロウ 訓 お(いる) ふ(ける)高	6	耂	おいかんむり おいがしら	年をとる・年長者・経験《けいけん》をつむ	老化《ろうか》・老人《ろうじん》・敬老《けいろう》・長老《ちょうろう》・老《ふ》け役《やく》・愛犬《あいけん》が老《お》いる	老 老 老 老 老 老
労	音 ロウ 訓 ―	7	力	ちから	はたらく・つかれる・いたわる	労使《ろうし》・労働《ろうどう》・労力《ろうりょく》・苦労《くろう》・功労《こうろう》・心労《しんろう》・徒労《とろう》・疲労《ひろう》	労 労 労 労 労 労 労
録	音 ロク 訓 ―	16	金	かねへん	書きとめる・音声や映《えい》像《ぞう》をとどめる	録音《ろくおん》・録画《ろくが》・記録《きろく》・登録《とうろく》・付録《ふろく》・目録《もくろく》	録4 録 録7 録 録 録 録 録 録14 録16

月　日

ステップ 25

1 次の――線の漢字の読みをひらがなで書きなさい。

1 冷たい風が顔に当たる。
2 森で野鳥の声を録音する。
3 連日の雨で川の水かさがました。
4 花に例えるとヒマワリのような人だ。
5 秋の取り入れ時期は労働にはげむ。
6 先生の号令に合わせて動く。
7 老化の予防《よぼう》のため、毎日運動する。
8 スープが冷めてしまった。
9 寒冷な土地でくらす。
10 遠くに山々が連なって見える。
11 例文を読んで問いに答える。
12 少年老いやすく学成りがたし

同じ字でも二通りの意味がある語

色紙
- いろがみ…いろいろな色にそめた紙。
- しきし……四角いあつ紙で、和歌や俳句《はいく》、書や絵などをかくもの。

金星
- きんせい…太陽系《けい》の惑星《わくせい》の一つ。
- きんぼし…すもうで平幕《ひらまく》の力士が横綱《よこづな》に勝ったときの勝ち星のこと。また、大きな手がらのこと。

2 次の——線のカタカナを漢字と送りがな（ひらがな）で書きなさい。

1 新商品が注目をアビル。（　）
2 両国は共にサカエル。（　）
3 生活の中で根気をヤシナウ。（　）
4 好きな選手の名前をアゲル。（　）
5 雨にぬれて体がヒエル。（　）
6 静けさが辺りをツツム。（　）
7 人生をマラソンにタトエル。（　）
8 赤ちゃんの体重をハカル。（　）
9 商店がのきをツラネル。（　）
10 家族の安全をネガウ。（　）
11 温室に花の香りがミチル。（　）
12 平和な毎日をノゾム。（　）

3 上の漢字と下の〔　〕の中の漢字を組み合わせて二字の熟語《じゅくご》を三つ作りなさい。答えは二字とも書きなさい。

1 養〔英・休・静・分・勇〕（　）（　）（　）
2 冷〔害・気・氏・青・静〕（　）（　）（　）
3 老〔人・作・長・働・犬〕（　）（　）（　）
4 料〔金・結・原・松・給〕（　）（　）（　）
5 類〔衣・泣・時・種・分〕（　）（　）（　）

4 次の――線のカタカナを漢字になおして書きなさい。

1 兄は何でもぼくに**メイレイ**する。（　）
2 **ロクガ**していたドラマを見る。（　）
3 熱いお茶を**サ**まして飲む。（　）
4 村の**チョウロウ**に昔の話を聞く。（　）
5 この冬は**レイネン**にくらべて寒い。（　）
6 スケートに**ツ**れて行ってほしい。（　）
7 真冬になると**ソコビ**えがする。（　）
8 姉が**オ**いた犬をいたわる。（　）
9 **タト**えようもなく美しい人だ。（　）
10 毎日の天気を**キロク**している。（　）
11 **レンキュウ**を海外ですごす。（　）
12 わかい時の**クロウ**は買ってでもせよ（　）

月　日　月　日　月　日

1	2	3	4		
／12	／12	／5	（）／12	〈〉／12	［］／12

ステップ 21 - 25

力だめし

第5回

総得点 /100

評価
A
80点 B
75点 C
70点 D
60点 E

月　日

1 次の――線の漢字の読みをひらがなで書きなさい。

1×10 /10

1 スポーツの祭典が行われる。（　）
2 父はユーモアに富んでいる。（　）
3 都道府県の人口を調べる。（　）
4 姉の夫となる人に会った。（　）
5 折れ線グラフを書く。（　）
6 川の岸辺に水草がしげる。（　）
7 化学兵器の使用を禁止《きんし》する。（　）
8 ストーブに灯油を入れる。（　）
9 球場は熱戦にわきかえった。（　）
10 焼け石に水（　）

2 次の上の漢字の太い画のところは筆順の何画目か、下の漢字の総《そう》画数は何画か、算用数字（1、2、3…）で答えなさい。

1×10 /10

〈れい〉正（3）字（6）

1 勇（　）（　）
2 養（　）（　）
3 量（　）（　）
4 灯（　）（　）
5 府（　）（　）
6 辞（　）（　）
7 良（　）（　）
8 包（　）（　）
9 然（　）（　）
10 辺（　）（　）

3

次の部首のなかまの漢字で（　）にあてはまる漢字一字を書きなさい。

1×10 ／10

〈れい〉亻（にんべん）
（体《たい》）力・工（作《さく》）

氵（さんずい）

1 方（　《ほう》）

2 （　《まん》）足

3 入（　《よく》）

木（き）

4 （　《み》）完成

5 結（　《まつ》）

6 札（　《たば》）

刂（りっとう）

7 （　《り》）用

8 （　《ふく》）業

9 印（　《さつ》）

10 送（　《べつ》）会

4

次の各組の――線の漢字の読みをひらがなで書きなさい。

1×10 ／10

1 計量カップに水を入れる。（　）

2 生まれた子牛の重さを量る。（　）

3 市から手当てを給付される。（　）

4 服にブローチを付ける。（　）

5 母は月に一度は包丁をとぐ。（　）

6 プレゼントの包み紙を開く。（　）

7 車のエンジンを改良する。（　）

8 良い機会にめぐまれる。（　）

9 天井《てんじょう》に照明器具を付ける。（　）

10 月明かりが庭を照らす。（　）

5 上の漢字と下の〔　〕の中の漢字を組み合わせて二字の熟語《じゅくご》を三つ作りなさい。答えは二字とも書きなさい。

2×5 ／10

1 録〔画・気・登・負・目〕（　）（　）（　）

2 要〔付・重・信・求・約〕（　）（　）（　）

3 養〔栄・積・分・度・休〕（　）（　）（　）

4 令〔司・指・方・明・命〕（　）（　）（　）

5 景〔風・観・行・式・夜〕（　）（　）（　）

6 後の[ ]の中のひらがなを漢字になおして、意味が反対や対《つい》になることば（対義《たいぎ》語）を書きなさい。[ ]の中のひらがなは一度だけ使い、漢字一字を書きなさい。

1×10 ／10

〈れい〉室内―室（外）

1 海洋―大（　）

2 期待―失（　）

3 決定―（　）定

4 主食―（　）食

5 高音―（　）音

6 文頭―文（　）

7 熱湯―（　）水

8 敗北―勝（　）

9 有害―（　）害

10 不要―（　）要

てい・ひつ・ふく・ぼう・まつ・み・む・り・りく・れい

7 次の——線のカタカナを漢字になおして書きなさい。

2×10 /20

1 薬のフク作用に気をつける。
2 フク引きで大当たりが出る。
3 入場リョウをしはらう。
4 荷物をリョウ手に持つ。
5 水害防止《ぼうし》のため植リンする。
6 全校音楽会でリン唱する。
7 新しい手ホウで絵をえがいた。
8 自転車を通路にホウ置しない。
9 空の色がヘン化する。
10 すぐに手紙のヘン事が来た。

8 次の——線のカタカナを漢字になおして書きなさい。

2×10 /20

1 草原で羊をホウボクする。
2 クロウして学問をおさめる。
3 観光バスがツラなって走る。
4 よくヒえたジュースを飲む。
5 今日のご飯はトクベツおいしい。
6 レイを挙げて説明する。
7 島のジュウミンが反対する。
8 年オいた祖母《そぼ》を気づかう。
9 ゆたかでベンリな生活を送る。
10 ルイは友をよぶ

7級

総《そう》まとめ

総得点

/200

評価

A

140点

B

120点

C

100点

D

80点

E

今までの学習の成果をためしてみましょう。検定《けんてい》を受けるときに注意することを記しましたので、これを読んでから、実際《じっさい》の検定のつもりで問題を解《と》いてください。

■検定時間　60分

【注意点】

1　問題用紙と答えを記入する用紙は別になっています。答えはすべて答案用紙に記入してください。

※本書では答案用紙は別冊《べっさつ》の「漢字練習ノート」にあります。

2　常用《じょうよう》漢字の旧《きゅう》字体や表外漢字、常用漢字音訓表以外の読み方は正答とは認《みと》められません。

3　検定会場では問題についての説明はありませんので、問題をよく読んで、答えを記入してください。

4　答えはHB・B・2Bのえんぴつまたはシャープペンシルで、わく内に大きくはっきり書いてください。くずした字や乱雑《らんざつ》な書き方は採点《さいてん》の対象《たいしょう》になりませんので、ていねいに書くように心がけてください。

5　検定を受ける前に「日本漢字能力《のうりょく》検定採点基準《きじゅん》」「『漢検』受検《じゅけん》の際《さい》の注意点」（本書巻頭《かんとう》カラーページにあります）を読んでおいてください。

7級 総《そう》まとめ

(一) 次の——線の**漢字の読み**を**ひらがな**で答えのらんに書きなさい。 (20) 1×20

1 天然のタイをつって食べる。
2 庭に一輪の花がさく。
3 帰ってからシャワーを浴びた。
4 五年がんばり、やっと芽が出た。
5 井戸の水をくんで飲む。
6 卒業式に兄弟で写真をとる。
7 テストは案外やさしかった。
8 先生はいくつかの例を挙げた。
9 バラの花の香りをかぐ。

(二) 次の各組の——線の**漢字の読み**を**ひらがな**で答えのらんに書きなさい。 (10) 1×10

1 他国と友好的な関係を結ぶ。
2 好きな詩を何度も読む。

3 まずフライパンを加熱する。
4 かくし味にハチミツを加える。

5 有名な科学者の伝記を読む。
6 糸電話で声を伝える。

7 初心をわすれず練習にはげむ。
8 初めていとこが遊びに来た。

9 遠足が中止になって残念だ。
10 食べきれずにおかずを残した。

(四) 次の上の漢字の**太い画**のところは**筆順の何画目**か、下の漢字の**総**《そう》**画数**は**何画**か、**算用数字**(1、2、3…)で答えなさい。 (10) 1×10

〈例〉正 3　字 6

1 果
2 臣
3 牧
4 老
5 城
6 孫
7 議
8 隊
9 建
10 類

(五) 次の漢字の読みは、**音読み**(ア)ですか、**訓読み**(イ)ですか。**記号**で答えなさい。 (20) 2×10

〈例〉力《ちから》 → イ

1 的《てき》
2 単《たん》
6 末《まつ》
7 管《くだ》

10 日記を毎日欠かさずつける。
11 日がくれて街灯がともる。
12 小鳥が群れて飛んでいる。
13 湖の風景が美しい。
14 六年生はじきに学校を巣立つ。
15 信用を失うようなことはしない。
16 公園で写生の題材をさがす。
17 国産の農作物を買う。
18 辞典で漢字の成り立ちを調べる。
19 かり取ったイネを束ねる。
20 帯に短し　たすきに長し

(三) 次の――線のカタカナに合う漢字をえらんで答えのらんに記号で書きなさい。 (20) 2×10

1 早朝のランニングを日カとする。
（ア 科　イ 果　ウ 課）
2 作文を印サツして文集にする。
（ア 札　イ 刷　ウ 察）
3 エネルギーがフ足する。
（ア 付　イ 不　ウ 負）
4 思い出すとリョウ心がいたむ。
（ア 良　イ 両　ウ 料）
5 ぬれたイ服を早くぬぐ。
（ア 意　イ 衣　ウ 委）
6 会社がキュウ人の広告《こうこく》を出す。
（ア 求　イ 究　ウ 休）
7 冬休みにスキーを体ケンした。
（ア 見　イ 研　ウ 験）
8 ソウ庫に工具箱をしまう。
（ア 倉　イ 送　ウ 相）
9 ホウ丁でキャベツをきざむ。
（ア 方　イ 放　ウ 包）
10 キ望していた学校に進学する。
（ア 気　イ 希　ウ 記）

3 旗《はた》
4 説《せつ》
5 種《たね》

8 松《まつ》
9 仲《なか》
10 害《がい》

(六) 後の□の中のひらがなを漢字になおして、意味が反対や対になることば（対義語《ついぎご》）を書きなさい。□の中のひらがなは一度だけ使い、答えのらんに漢字一字を書きなさい。 (10) 2×5

〈例〉室内―室外

有料―1料
本業―2業
平等―3別
起立―着4
先生―生5

さ・せき・と・ふく・む

(七) 次の――線のカタカナを○の中の漢字と送りがな(ひらがな)で答えのらんに書きなさい。 (14) 2×7

〈例〉(正) タダシイ字を書く。 正しい

1 (省) むだな説明をハブク。
2 (続) 発声練習をツヅケル。
3 (清) アユはキヨイ流れにすむ。
4 (冷) ツメタイ水を飲みほす。
5 (治) 薬がきいて病気がナオル。
6 (唱) ちかいの言葉をトナエル。
7 (栄) 商業都市としてサカエル。

(九) 次の――線のカタカナを漢字になおして答えのらんに書きなさい。 (16) 2×8

1 自転車のサドルのイ置を変える。
2 思ったイ上にたいへんな仕事だ。
3 毎日の目ヒョウを立てる。
4 アイドルの人気投ヒョウを行う。
5 ドラマのサイ終回を見のがす。
6 パンと野サイサラダを食べる。
7 テーブルに食キをならべる。
8 日本は四キに富んだ国だ。

(十) 次の――線のカタカナを漢字になおして答えのらんに書きなさい。 (40) 2×20

1 悪天コウの中を出発した。
2 全員集合の号レイがかかった。
3 キョウ通語について学ぶ。
4 外国人にエイ語で話しかける。
5 弟と早起きのキョウ争をする。
6 セツ分に家族で豆まきをした。
7 姉は中学校でリク上部に入った。
8 晴れすがたをカガミにうつす。
9 日ごろから健コウに注意する。
10 サク夜から雨がやまない。

(八) 次の**部首のなかまの漢字**で□にあてはまる**漢字一字**を、答えのらんに書きなさい。 (20) 2×10

〈例〉 亻（にんべん）　体《たい》力・工作《さく》

ア 攵（のぶん・ぼくづくり）　[1]《さん》歩・[2]《かい》良・[3]《はい》北

イ 力（ちから）　[4]《ゆう》気・[5]《ろう》働・[6]《ど》力

ウ 辶（しんにょう・しんにゅう）　[7]《れん》勝・[8]《せん》手・上[9]《たつ》　周[10]《へん》

(十) 上の漢字と下の□の中の漢字を組み合わせて**二字のじゅく語を二つ作り**、答えのらんに**記号**で書きなさい。 (20) 2×10

〈例〉 校　ア門　イ学　ウ海　エ体　オ読　　[イ][校]　[校][ア]

一、積　ア青　イ雪　ウ対　エ飯　オ面　　[1][積]　[積][2]

二、固　ア強　イ係　ウ時　エ対　オ定　　[3][固]　[固][4]

三、信　ア号　イ自　ウ持　エ中　オ年　　[5][信]　[信][6]

四、愛　ア安　イ親　ウ体　エ犬　オ新　　[7][愛]　[愛][8]

五、給　ア月　イ治　ウ食　エ府　オ良　　[9][給]　[給][10]

---

11 筆で年**ガ**状《じょう》を書く。

12 **カン**客の声えんにこたえる。

13 今大会で日本新記**ロク**が出た。

14 話題のニュースを**トク**集する。

15 プールで真っ黒に日**ヤ**けする。

16 今日は学**ゲイ**会の練習がある。

17 目の**サ**めるようなホームランだ。

18 その国の人口は一**オク**人だ。

19 道の両**ガワ**に梅の木がならぶ。

20 今泣いたからすがもう**ワラ**う

学年別漢字配当表

「小学校学習指導要領《しどうようりょう》」（令和2年4月実施《じっし》）による。

	ア	イ	ウ	エ	オ	カ	キ	ク	ケ	コ	サ
第一学年 10級		一	右雨	円	王音	下火花貝学	気九休玉金	空	月犬見	五口校	左三山
第二学年 9級		引	羽雲	園遠		何科夏家歌画回会海絵外角楽活間丸岩顔	汽記帰弓牛魚京強教近		兄形計元言原	戸古午後語工公広交光考行高黄合谷国黒今	才細作算
第三学年 8級	悪安暗	医委意育員院飲	運	泳駅	央横屋温	化荷界開階寒感漢館岸	起期客究急級宮球去橋業曲局銀	区苦具君	係軽血決研県	庫湖向幸港号根	祭皿
第四学年 7級	愛案	以衣位茨印		英栄媛塩	岡億	加果貨課芽賀改械害街各覚潟完官管関観願	岐希季旗器機議求泣給挙漁共協鏡競極	熊訓軍郡群	径景芸欠結建健験	固功好香候康	佐差菜最埼材崎昨札刷察参産散残
第五学年 6級	圧	囲移因		永営衛易益液演	応往桜	可仮価河過快解格確額刊幹慣眼	紀基寄規喜技義逆久旧救居許境均禁	句	型経潔件険検限現減	故個護効厚耕航鉱構興講告混	査再災妻採際在財罪殺雑酸賛
第六学年 5級		胃異遺域	宇	映延沿	恩	我灰拡革閣割株干巻看簡	危机揮貴疑吸供胸郷勤筋		系敬警劇激穴券絹権憲源厳	己呼誤后孝皇紅降鋼刻穀骨困	砂座済裁策冊蚕

シ	ス	セ	ソ	タ	チ	ツ	テ	ト	ナ	ニ	ネ	ノ
子四糸字耳七車手十出女小上森人	水	正生青夕石赤千川先	早草足村	大男	竹中虫町		天田	土		二日入	年	
止市矢姉思紙寺自時室社弱首秋週春書少場色食心新親	図数	西声星晴切雪船線前	組走	多太体台	地池知茶昼長鳥朝直	通	弟店点電	刀冬当東答頭同道読	内南	肉		
仕死使始指歯詩次事持式実写者主守取酒受州拾終習集住重宿所暑助昭消商章勝乗植申身神真深進		世整昔全	相送想息速族	他打対待代第題炭短談	着注柱丁帳調	追	定庭笛鉄転	都度投豆島湯登等動童				農
氏司試児治滋辞鹿失借種周祝順初松笑唱焼照城縄臣信		井成省清静席積折節説浅戦選然	争倉巣束側続卒孫	帯隊達単	置仲沖兆		低底的典伝	徒努灯働特徳栃	奈梨		熱念	
士支史志枝師資飼示似識質舎謝授修述術準序招証象賞条状常情織職		制性政勢精製税責績接設絶	祖素総造像増則測属率損	貸態団断	築貯張		停提程適	統堂銅導得毒独		任	燃	能
至私姿視詞誌磁射捨尺若樹収宗就衆従縦縮熟純処署諸除承将傷障蒸針仁	垂推寸	盛聖誠舌宣専泉洗染銭善	奏窓創装層操蔵臓存尊	退宅担探誕段暖	値宙忠著庁頂腸潮賃	痛	敵展	討党糖届	難	乳認		納脳

学年	ハ	ヒ	フ	ヘ	ホ	マ	ミ	ム	メ	モ	ヤ	ユ	ヨ	ラ	リ	ル	レ	ロ	ワ	字数
第一学年 10級	白八	百	文		木本				名	目					立力林			六		学年字数 80字 累計《るいけい》字数 80字
第二学年 9級	馬売買麦半番		父風分聞	米	歩母方北	毎妹万			明鳴	毛門	夜野	友	用曜	来	里理				話	学年字数 160字 累計字数 240字
第三学年 8級	波配倍箱畑発 反坂板	皮悲美鼻筆氷 表秒病品	負部服福物	平返勉	放		味		命面	問	役薬	由油有遊	予羊洋葉陽様	落	流旅両緑		礼列練	路	和	学年字数 200字 累計字数 440字
第四学年 7級	敗梅博阪飯	飛必票標	不夫付府阜富 副	兵別辺変便	包法望牧	末満	未民	無			約	勇	要養浴		利陸良料量輪	類	令冷例連	老労録		学年字数 202字 累計字数 642字
第五学年 6級	破犯判版	比肥非費備評 貧	布婦武復複仏 粉	編弁	保墓報豊防貿 暴		脈	務夢	迷綿			輸	余容		略留領		歴			学年字数 193字 累計字数 835字
第六学年 5級	派拝背肺俳班 晩	否批秘俵	腹奮	並陛閉片	補暮宝訪亡忘 棒	枚幕	密		盟	模	訳	郵優	預幼欲翌	乱卵覧	裏律臨			朗論		学年字数 191字 累計字数 1026字

級別漢字表

小学校学年別配当漢字を除《のぞ》く一一一〇字。

級	ア	イ	ウ	エ	オ	カ	キ	ク	ケ	コ	サ	シ
4級	握扱	依威為偉違維緯壱 芋陰隠		影鋭越援煙鉛縁	汚押奥憶	菓暇箇雅介戒皆壊 較獲刈甘汗乾勧歓 監環鑑含	奇祈鬼幾輝儀戯詰 却脚及丘朽巨拠距 御凶叫狂況狭恐響 驚仰	駆屈掘繰	恵傾継迎撃肩兼剣 軒圏堅遣玄	枯誇鼓互抗攻更恒 荒項稿豪込婚	鎖彩歳載剤咲惨	旨伺刺脂紫雌執芝 斜煮釈寂朱狩 シ続く
3級	哀	慰		詠悦閲炎宴	欧殴乙卸穏	佳架華嫁餓怪悔塊 慨該概郭隔穫岳掛 滑肝冠勘貫喚換敢 緩	企忌軌既棋棄騎欺 犠菊吉喫虐虚峡脅 凝斤緊	愚偶遇	刑契啓掲携憩鶏鯨 倹賢幻	孤弧雇顧娯悟孔巧 甲坑拘郊控慌硬絞 綱酵克獄恨紺魂墾	債催削搾錯撮擦暫	祉施諮侍慈軸疾湿 赦邪殊寿潤遵 シ続く
準2級	亜	尉逸姻韻	畝浦	疫謁猿	凹翁虞	渦禍靴寡稼蚊拐懐 劾涯垣核殻嚇括喝 渇褐轄且缶陥患堪 棺款閑寛憾還艦頑	飢宜偽擬糾窮拒享 挟恭矯暁菌琴謹襟 吟	隅勲薫	茎渓蛍慶傑嫌献謙 繭顕懸弦	呉碁江肯侯洪貢溝 衡購拷剛酷昆懇	唆詐砕宰栽斎索酢 桟傘	肢嗣賜璽漆遮蛇酌 爵珠儒囚臭愁 シ続く
2級	挨曖宛嵐	畏萎椅彙咽淫	唄鬱	怨艶	旺臆俺	苛牙瓦楷潰諧崖蓋 骸柿顎葛釜鎌韓玩	伎亀毀畿臼嗅巾僅 錦	惧串窟	詣憬稽隙桁拳鍵舷	股虎錮勾梗喉乞傲 駒頃痕	沙挫采塞柵刹拶斬	恣摯餌叱嫉腫呪袖 羞蹴憧拭尻芯 シ続く

	シ続き	ス	セ	ソ	タ	チ	ツ	テ	ト	ナ	ニ	ネ	ノ	ハ
4級	趣需舟秀襲柔獣瞬旬巡盾召床沼称紹詳丈畳殖飾触侵振浸寝慎震薪尽陣尋	吹	是姓征跡占扇鮮	訴僧燥騒贈即俗	耐替沢拓濁脱丹淡嘆端弾	恥致遅蓄跳徴澄沈珍		抵堤摘滴添殿	吐途渡奴怒到逃倒唐桃透盗塔稲踏闘胴峠突鈍曇		弐		悩濃	杯輩拍泊迫薄爆髪抜罰般販搬範繁盤
3級	如徐匠昇掌晶焦衝鐘冗嬢錠譲嘱辱伸辛審	炊粋衰酔遂穂随髄	瀬牲婿請斥隻惜籍摂潜繕	阻措粗礎双桑掃葬遭憎促賊	怠胎袋逮滞滝択卓託諾奪胆鍛壇	稚畜窒抽鋳駐彫超聴陳鎮	墜	帝訂締哲	斗塗凍陶痘匿篤豚		尿	粘		婆排陪縛伐帆伴畔藩蛮
準2級	酬醜汁充渋銃叔淑粛塾俊准殉循庶緒叙升抄肖尚宵症祥渉訟硝粧詔奨彰償礁浄剰壌醸津唇娠紳診刃迅甚	帥睡枢崇据杉	斉逝誓析拙窃仙栓旋践遷薦繊禅漸	租疎塑壮荘捜挿曹喪槽霜藻	妥堕惰駄泰濯但棚	痴逐秩嫡衷弔挑眺釣懲勅朕	塚漬坪	呈廷邸亭貞逓偵艇泥迭徹撤	悼搭棟筒謄騰洞督凸屯	軟	尼妊忍	寧		把覇廃培媒賠伯舶漠肌鉢閥煩頒
2級	腎	須裾	凄醒脊戚煎羨腺詮箋膳	狙遡曽爽痩踪捉遜	汰唾堆戴誰旦綻	緻酎貼嘲捗	椎爪鶴	諦溺塡	妬賭藤瞳頓貪丼	那謎鍋	匂虹	捻		罵剝箸氾汎斑

	ヒ	フ	ヘ	ホ	マ	ミ	ム	メ	モ	ヤ	ユ	ヨ	ラ	リ	ル	レ	ロ	ワ
計313字 5級まで1026字 累計《るいけい》1339字	彼疲被避尾微匹描浜敏	怖浮普腐敷膚賦舞幅払噴	柄壁	捕舗抱峰砲忙坊肪冒傍帽凡盆	慢漫	妙眠	矛霧娘		茂猛網黙紋	躍	雄	与誉溶腰踊謡翼	雷頼絡欄	離粒慮療隣	涙	隷齢麗暦劣烈恋	露郎	惑腕
計284字 4級まで1339字 累計1623字	卑碑泌姫漂苗	赴符封伏覆紛墳	癖	募慕簿芳邦奉胞倣崩飽縫乏妨房某膨謀墨没翻	魔埋膜又	魅		滅免			幽誘憂	揚揺擁抑	裸濫	吏隆了猟陵糧厘		励零霊裂廉錬	炉浪廊楼漏	湾
計328字 3級まで1623字 累計1951字	妃披扉罷猫賓頻瓶	扶附譜侮沸雰憤	丙併塀幣弊偏遍	泡俸褒剖紡朴僕撲堀奔	麻摩磨抹	岬		銘	妄盲耗	厄	愉諭癒唯悠猶裕融	庸窯	羅酪	痢履柳竜硫虜涼僚寮倫	累塁	戻鈴		賄枠
計185字 準2級まで1951字 累計2136字	眉膝肘	訃	蔽餅璧蔑	哺蜂貌頰睦勃	昧枕	蜜		冥麺		冶弥闇	喩湧	妖瘍沃	拉辣藍	璃慄侶瞭	瑠		呂賂弄籠麓	脇

部首一覧表《いちらんひょう》

表の上には部首を画数順に配列し、下には漢字の中で占《し》める位置によって形が変化するものや特別な名称を持つものを示《しめ》す。

偏《へん》…
旁《つくり》…
冠《かんむり》…
脚《あし》…
垂《たれ》…
繞《にょう》…
構《かまえ》…

番号	部首	形	位置	名称
一画				
1	【一】	一		いち
2	【丨】	丨		ぼう たてぼう
3	【丶】	丶		てん
4	【丿】	丿		の はらいぼう
5	【乙】	乙		おつ
		乚		おつ
6	【亅】	亅		はねぼう
二画				
7	【二】	二		に
8	【亠】	亠		なべぶた けいさんかんむり
9	【人】	人		ひと
		亻		にんべん
9	【人】	𠆢		ひとやね
10	【入】	入		いる
11	【儿】	儿		ひとあし にんにょう
12	【八】	八		はち
		ハ		は
13	【冂】	冂		どうがまえ けいがまえ まきがまえ
14	【冖】	冖		わかんむり
15	【冫】	冫		にすい
16	【几】	几		つくえ
17	【凵】	凵		うけばこ
18	【刀】	刀		かたな
		刂		りっとう
19	【力】	力		ちから
20	【勹】	勹		つつみがまえ
21	【匕】	匕		ひ
22	【匚】	匚		はこがまえ
23	【匸】	匸		かくしがまえ
24	【十】	十		じゅう
25	【卜】	卜		と うらない
26	【卩】	卩		わりふ ふしづくり
		㔾		わりふ ふしづくり
27	【厂】	厂		がんだれ
28	【厶】	厶		む
29	【又】	又		また
三画				
30	【口】	口		くち
		口		くちへん
31	【囗】	囗		くにがまえ
32	【土】	土		つち
		土		つちへん
33	【士】	士		さむらい
34	【夂】	夂		すいにょう ふゆがしら
35	【夕】	夕		た ゆうべ
36	【大】	大		だい
37	【女】	女		おんな
		女		おんなへん
38	【子】	子		こ
		子		こへん
39	【宀】	宀		うかんむり
40	【寸】	寸		すん
41	【小】	小		しょう
		⺌		しょう

番号	部首	字形	名称
42	【尢】	尢	だいのまげあし
43	【尸】	尸	かばね／しかばね
44	【屮】	屮	てつ
45	【山】	山	やま
		山	やまへん
46	【川】	川	かわ
		巛	かわ
47	【工】	工	え／たくみ
		工	たくみへん
48	【己】	己	おのれ
49	【巾】	巾	はば
		巾	はばへん／きんべん
50	【干】	干	かん／いちじゅう
51	【幺】	幺	よう／いとがしら
52	【广】	广	まだれ
53	【廴】	廴	えんにょう
54	【廾】	廾	こまぬき／にじゅうあし
55	【弋】	弋	しきがまえ
56	【弓】	弓	ゆみ
		弓	ゆみへん
57	【彐】	彑	けいがしら
58	【彡】	彡	さんづくり
59	【彳】	彳	ぎょうにんべん
60	【⺍】	⺍	つかんむり

忄→心　扌→手　氵→水　犭→犬　艹→艸　辶→辵　阝(右)→邑　阝(左)→阜

四画

番号	部首	字形	名称
61	【心】	心	こころ
		忄	りっしんべん
		⺗	したごころ
62	【戈】	戈	ほこづくり／ほこがまえ
63	【戸】	戸	と
		戸	とだれ／とかんむり
64	【手】	手	て
		扌	てへん
65	【支】	支	し
66	【攴】	攵	のぶん／ぼくづくり
67	【文】	文	ぶん
68	【斗】	斗	とます
69	【斤】	斤	きん
		斤	おのづくり
70	【方】	方	ほう
		方	ほうへん／かたへん
71	【日】	日	ひ
		日	ひへん
72	【曰】	曰	ひらび／いわく
73	【月】	月	つき
		月	つきへん
74	【木】	木	き
		木	きへん
75	【欠】	欠	あくび／かける
76	【止】	止	とめる
77	【歹】	歹	かばねへん／いちたへん／がつへん
78	【殳】	殳	るまた／ほこづくり
79	【毋】	毋	なかれ
80	【比】	比	ならびひ／くらべる
81	【毛】	毛	け
82	【氏】	氏	うじ
83	【气】	气	きがまえ
84	【水】	水	みず

番号	部首	字形	名称
84	【水】	氵	さんずい
		氺	したみず
85	【火】	火	ひ
		火	ひへん
		灬	れんが・れっか
86	【爪】	爪	つめ
		爫	つめかんむり・つめがしら
87	【父】	父	ちち
88	【片】	片	かた
		片	かたへん
89	【牙】	牙	きば
90	【牛】	牛	うし
		牜	うしへん
91	【犬】	犬	いぬ
		犭	けものへん
		王・王 → 玉　耂 → 老　礻 → 示　辶 → 辵	
五画			
92	【玄】	玄	げん
93	【玉】	玉	たま
		王	おう
		王	おうへん・たまへん
94	【瓦】	瓦	かわら
95	【甘】	甘	かん・あまい
96	【生】	生	うまれる
97	【用】	用	もちいる
98	【田】	田	た
		田	たへん
99	【疋】	疋	ひき
		𤴔	ひきへん
100	【疒】	疒	やまいだれ
101	【癶】	癶	はつがしら
102	【白】	白	しろ
103	【皮】	皮	けがわ
104	【皿】	皿	さら
105	【目】	目	め
		目	めへん
106	【矛】	矛	ほこ
107	【矢】	矢	や
		矢	やへん
108	【旡】	旡	なし・すでのつくり
109	【石】	石	いし
		石	いしへん
110	【示】	示	しめす
		礻	しめすへん
111	【禾】	禾	のぎ
		禾	のぎへん
112	【穴】	穴	あな
		穴	あなかんむり
113	【立】	立	たつ
		立	たつへん
		氺 → 水　衤 → 衣　罒 → 网	
六画			
114	【竹】	竹	たけ
		⺮	たけかんむり
115	【米】	米	こめ
		米	こめへん
116	【糸】	糸	いと
		糸	いとへん
117	【缶】	缶	ほとぎ
118	【网】	罒	あみがしら・あみめ・よこめ

番号	部首	字形	名前
119	【羊】	羊	ひつじ
120	【羽】	羽	はね
121	【老】	耂	おいかんむり おいがしら
122	【而】	而	しかして しこうして
123	【耒】	耒	すきへん らいすき
124	【耳】	耳	みみ
		耳	みみへん
125	【聿】	聿	ふでづくり
126	【肉】	肉	にく
		月	にくづき
127	【自】	自	みずから
128	【至】	至	いたる
129	【臼】	臼	うす
130	【舌】	舌	した
131	【舟】	舟	ふね

七画

番号	部首	字形	名前
131	【舟】	舟	ふねへん
132	【艮】	艮	ねづくり こんづくり
133	【色】	色	いろ
134	【艸】	艹	くさかんむり
135	【虍】	虍	とらがしら とらかんむり
136	【虫】	虫	むし
		虫	むしへん
137	【血】	血	ち
138	【行】	行	ぎょう
		行	ぎょうがまえ ゆきがまえ
139	【衣】	衣	ころも
		衤	ころもへん
140	【襾】	西	にし
		覀	おおいかんむり
141	【見】	見	みる
142	【臣】	臣	しん
143	【角】	角	かく つの
		角	つのへん
144	【言】	言	げん
		言	ごんべん
145	【谷】	谷	たに
146	【豆】	豆	まめ
147	【豕】	豕	ぶた いのこ
148	【豸】	豸	むじなへん
149	【貝】	貝	かい こがい
		貝	かいへん
150	【赤】	赤	あか
151	【走】	走	はしる
		走	そうにょう
152	【足】	足	あし
		𧾷	あしへん
153	【身】	身	み
154	【車】	車	くるま
		車	くるまへん
155	【辛】	辛	からい
156	【辰】	辰	しんのたつ
157	【辵】	辶	しんにょう しんにゅう
		⻍	しんにょう しんにゅう
158	【邑】	阝	おおざと
159	【酉】	酉	ひよみのとり
		酉	とりへん
160	【釆】	釆	のごめ
		釆	のごめへん
161	【里】	里	さと

※注「⻍」については「遡・遜」のみに適用《てきよう》。

番号	部首	形	名前
161	【里】	里	さとへん
162	【舛】	舛	まいあし
163	【麦】	麦	むぎ
		麦	ばくにょう

八画

番号	部首	形	名前
164	【金】	金	かね
		金	かねへん
165	【長】	長	ながい
166	【門】	門	もん
		門	もんがまえ
167	【阜】	阜	おか
		阝	こざとへん
168	【隶】	隶	れいづくり
169	【隹】	隹	ふるとり
170	【雨】	雨	あめ
		⻗	あめかんむり
171	【青】	青	あお
172	【非】	非	あらず ひ
173	【斉】	斉	せい

九画

番号	部首	形	名前
174	【面】	面	めん
175	【革】	革	かくのかわ つくりがわ
		革	かわへん
176	【音】	音	おと
177	【頁】	頁	おおがい
178	【風】	風	かぜ
179	【飛】	飛	とぶ
180	【食】	食	しょく
		飠	しょくへん
		𩙿	しょくへん
181	【首】	首	くび
182	【香】	香	か かおり

十画

番号	部首	形	名前
183	【馬】	馬	うま
		馬	うまへん
184	【骨】	骨	ほね
		骨	ほねへん
185	【高】	高	たかい
186	【髟】	髟	かみがしら
187	【鬯】	鬯	ちょう
188	【鬼】	鬼	おに
		鬼	きにょう
189	【韋】	韋	なめしがわ
190	【竜】	竜	りゅう

十一画

番号	部首	形	名前
191	【魚】	魚	うお
		魚	うおへん
192	【鳥】	鳥	とり
193	【鹿】	鹿	しか
194	【麻】	麻	あさ
195	【黄】	黄	き
196	【黒】	黒	くろ
197	【亀】	亀	かめ

十二画

番号	部首	形	名前
198	【歯】	歯	は
		歯	はへん

十三画

番号	部首	形	名前
199	【鼓】	鼓	つづみ

十四画

番号	部首	形	名前
200	【鼻】	鼻	はな

※注「飠」については「餌・餅」のみに適用《てきよう》。

常用《じょうよう》漢字表　付表（熟字訓《じゅくじくん》・当て字など）

＊小・中・高：小学校・中学校・高等学校のどの時点で学習するかの割《わ》り振《ふ》りを示《しめ》した。
※以下に挙げられている語を構成要素《こうせいようそ》の一部とする熟語《じゅくご》に用いてもかまわない。
例「河岸（かし）」→「魚河岸（うおがし）」／「居士（こじ）」→「一言居士（いちげんこじ）」

付表1

語	読み	小	中	高
明日	あす	●		
小豆	あずき		●	
海女・海士	あま			●
硫黄	いおう		●	
意気地	いくじ		●	
田舎	いなか		●	
息吹	いぶき			●
海原	うなばら		●	
乳母	うば		●	
浮気	うわき			●
浮つく	うわつく		●	
笑顔	えがお		●	
叔父・伯父	おじ		●	
大人	おとな	●		
乙女	おとめ		●	
叔母・伯母	おば		●	
お巡りさん	おまわりさん		●	
お神酒	おみき			●
母屋・母家	おもや			●
母さん	かあさん	●		
神楽	かぐら			●
河岸	かし			●
鍛冶	かじ		●	
風邪	かぜ		●	
固唾	かたず		●	
仮名	かな		●	
蚊帳	かや			●
為替	かわせ		●	
河原・川原	かわら	●		
昨日	きのう	●		
今日	きょう	●		
果物	くだもの	●		
玄人	くろうと			●
今朝	けさ	●		
景色	けしき	●		
心地	ここち		●	

語	読み	小	中	高
居士	こじ			●
今年	ことし	●		
早乙女	さおとめ		●	
雑魚	ざこ			●
桟敷	さじき			●
差し支える	さしつかえる		●	
五月	さつき		●	
早苗	さなえ		●	
五月雨	さみだれ		●	
時雨	しぐれ		●	
尻尾	しっぽ		●	
竹刀	しない		●	
老舗	しにせ		●	
芝生	しばふ		●	
清水	しみず	●		
三味線	しゃみせん		●	
砂利	じゃり		●	

語	読み	小	中	高
数珠	じゅず			●
上手	じょうず	●		
白髪	しらが		●	
素人	しろうと			●
師走	しわす（しはす）			●
数寄屋・数奇屋	すきや			●
相撲	すもう		●	
草履	ぞうり		●	
山車	だし			●
太刀	たち		●	
立ち退く	たちのく		●	
七夕	たなばた	●		
足袋	たび		●	
稚児	ちご			●
一日	ついたち	●		
築山	つきやま			●
梅雨	つゆ		●	

語	読み	小	中	高
凸凹	でこぼこ		●	
手伝う	てつだう	●		
伝馬船	てんません			●
投網	とあみ			●
父さん	とうさん	●		
十重二十重	とえはたえ			●
読経	どきょう			●
時計	とけい	●		
友達	ともだち	●		
仲人	なこうど			●
名残	なごり		●	
雪崩	なだれ		●	
兄さん	にいさん	●		
姉さん	ねえさん	●		
野良	のら			●
祝詞	のりと			●
博士	はかせ	●		

語	読み	小	中	高
二十・二十歳	はたち		●	
二十日	はつか	●		
波止場	はとば		●	
一人	ひとり	●		
日和	ひより		●	
二人	ふたり	●		
二日	ふつか	●		
吹雪	ふぶき		●	
下手	へた	●		
部屋	へや	●		
迷子	まいご	●		
真面目	まじめ	●		
真っ赤	まっか	●		
真っ青	まっさお	●		
土産	みやげ		●	
息子	むすこ		●	
眼鏡	めがね	●		
猛者	もさ			●
紅葉	もみじ		●	
木綿	もめん		●	
最寄り	もより		●	
八百長	やおちょう			●
八百屋	やおや	●		
大和	やまと		●	
弥生	やよい		●	
浴衣	ゆかた			●
行方	ゆくえ		●	
寄席	よせ			●
若人	わこうど		●	
愛媛	えひめ	●		
茨城	いばらき	●		
岐阜	ぎふ	●		
鹿児島	かごしま	●		
滋賀	しが	●		
宮城	みやぎ	●		
神奈川	かながわ	●		
鳥取	とっとり	●		
大阪	おおさか	●		
富山	とやま	●		
大分	おおいた	●		
奈良	なら	●		

二とおりの読み

片仮名《かたかな》は音読み、平仮名《ひらがな》は訓読みを示《しめ》す。

「常用《じょうよう》漢字表」(平成22年)本表備考欄《びこうらん》による。

漢字	読み	備考
遺	ユイ	「遺言《ゆいごん》」は、「イゴン」とも。
奥	オウ	「奥義《おうぎ》」は、「おくギ」とも。
堪	カン	「堪能《かんのう》」は、「タンノウ」とも。
吉	キチ	「吉日《きちじつ》」は、「キツジツ」とも。
兄	キョウ	「兄弟《きょうだい》」は、「ケイテイ」と読むこともある。
甲	カン	「甲板《かんぱん》」は、「コウハン」とも。
合	ガッ	「合点《がってん》」は、「ガテン」とも。
昆	コン	「昆布《こんぶ》」は、「コブ」とも。
紺	コン	「紺屋《こんや》」は、「コウや」とも。
詩	シ	「詩歌《しか》」は、「シイカ」とも。
七	なの	「七日《なのか》」は、「なぬか」とも。
若	ニャク	「老若《ろうにゃく》」は、「ロウジャク」とも。

漢字	読み	備考
寂	セキ	「寂然《せきぜん》」は、「ジャクネン」とも。
主	ス	「法主《ほっす》」は、「ホウシュ」、「ホッシュ」とも。
十	ジッ	「ジュッ」とも。
緒	チョ	「情緒《じょうちょ》」は、「ジョウショ」とも。
憧	ショウ	「憧憬《しょうけい》」は、「ドウケイ」とも。
数	ス	「人数《にんず》」は、「ニンズウ」とも。
贈	ソウ	「寄贈《きそう》」は、「キゾウ」とも。
側	がわ	「かわ」とも。
唾	つば	「唾《つば》」は、「つばき」とも。
着	ジャク	「愛着《あいじゃく》」、「執着《しゅうじゃく》」は、「アイチャク」、「シュウチャク」とも。
貼	チョウ	「貼付《ちょうふ》」は、「テンプ」とも。

漢字	読み	備考
難	むずかしい	「むつかしい」とも。
泌	ヒツ	「分泌《ぶんぴつ》」は、「ブンピ」とも。
富	フウ	「富貴《ふうき》」は、「フッキ」とも。
文	モン	「文字《もんじ》」は、「モジ」とも。
法	ホッ	「法主《ほっす》《ほっしゅ》」は、「ホウシュ」とも。
望	モウ	「大望《たいもう》」は、「タイボウ」とも。
頬	ほお	「頬《ほお》」は、「ほほ」とも。
末	バツ	「末子《ばっし》」、「末弟《ばってい》」は、「マッシ」、「マッテイ」とも。
免	まぬかれる	「まぬがれる」とも。
妄	ボウ	「妄言《ぼうげん》」は、「モウゲン」とも。
目	ボク	「面目《めんぼく》」は、「メンモク」とも。
問	とん	「問屋《とんや》」は、「といや」とも。
礼	ライ	「礼拝《らいはい》」は、「レイハイ」とも。

注意すべき読み

「常用《じょうよう》漢字表」（平成22年）本表備考欄《びこうらん》による。
片仮名《かたかな》は音読み、平仮名《ひらがな》は訓読みを示《しめ》す。

漢字	読み	備考
位	イ	「**三位一体**」、「**従三位**」は、「**サンミイッタイ**」、「**ジュサンミ**」。
羽	は	「**羽（は）**」は、前に来る音によって「**わ**」、「**ば**」、「**ぱ**」になる。 **用語例**＝一羽（わ）、三羽（ば）、六羽（ぱ）
雨	あめ	「**春雨**」、「**小雨**」、「**霧雨**」などは、「**はるさめ**」、「**こさめ**」、「**きりさめ**」。
縁	エン	「**因縁**」は、「**インネン**」。
王	オウ	「**親王**」、「**勤王**」などは、「**シンノウ**」、「**キンノウ**」。
応	オウ	「**反応**」、「**順応**」などは、「**ハンノウ**」、「**ジュンノウ**」。
音	オン	「**観音**」は、「**カンノン**」。
穏	オン	「**安穏**」は、「**アンノン**」。
皇	オウ	「**天皇**」は、「**テンノウ**」。
上	ショウ	「**身上**」は、「**シンショウ**」と「**シンジョウ**」とで、意味が違《ちが》う。
把	ハ	「**把（ハ）**」は、前に来る音によって「**ワ**」、「**バ**」、「**パ**」になる。 **用語例**＝一把（ワ）、三把（バ）、十把（パ）

漢検 7級 漢字学習ステップ 改訂四版 ワイド版

2020年7月15日 第1版第2刷 発行
編　者 公益財団法人 日本漢字能力検定協会
発行者 髙坂 節三
印刷所 三松堂株式会社
製本所 株式会社 渋谷文泉閣

発行所 公益財団法人 日本漢字能力検定協会
〒605-0074 京都市東山区祇園町南側551番地
☎(075)757-8600
ホームページ https://www.kanken.or.jp/

ISBN978-4-89096-411-6 C0081

公益財団法人 日本漢字能力検定協会

改訂四版

漢検 漢字学習 ステップ

漢検

ワイド版

標《ひょう》準《じゅん》解《かい》答《とう》

別《べっ》冊《さつ》

7級

「標準解答《ひょうじゅんかいとう》」は、
別冊になっています。
とりはずして使って
ください。

※「標準解答《ひょうじゅんかいとう》」をとじているはり金でけがをしないよう、
気をつけてください。

漢検 公益財団法人 日本漢字能力検定協会

700411 (1-2)

ステップ1

P.12

1

1 くらい　2 あんない　3 はくい
4 いじょう　5 あいよう　6 えいご
7 えいこう　8 すいい　9 やじるし
10 いばら　11 いん　12 い

P.13

2

1 オ・ア　2 イ・ウ　3 オ・エ
4 オ・ア　5 オ・イ

3

1 8　2 2　3 6　4 10　5 6
6 3　7 10　8 2　9 5　10 6

P.14

4

1 愛読　2 栄　3 印　4 衣服
5 方位　6 図案　7 英　8 位
9 印　10 栄　11 以上　12 愛犬

ステップアップメモ

印字《いんじ》 プリンターなどで文字を印刷《いんさつ》すること。
衣食《いしょく》 着るものとたべるもの。
図案《ずあん》 絵や図についての考えを書きだしたもの。

ステップ2

P.16

1

1 えひめ　2 は　3 おかやま
4 か　5 えんぶん　6 くわ
7 ひゃっかてん　8 め　9 さんおく
10 しお　11 ほうかご　12 かにゅう

P.17

2

1 英・苦・荷・葉　2 栄・果・案・業
3 代・仕・億・倍　4 課・調・談

3

1 イ　2 ア　3 イ　4 ア　5 イ
6 ア　7 ア　8 イ　9 イ　10 ア

P.18

4

1 貨物　2 果実　3 新芽　4 加
5 発芽　6 課題　7 果　8 加工
9 食塩　10 金貨　11 億　12 塩

ステップアップメモ

百貨店《ひゃっかてん》 いろいろな物を売っている大きな店。デパート。
消印《けしいん》 切手などが使われた証明《しょうめい》におす日付《ひづけ》入りの印。
青菜《あおな》に塩《しお》 塩をふりかけられた緑色の葉の野菜《やさい》のように、元気がなくてしおれている様子。

ステップ 3

P.20 1

1 さ　2 かいせい　3 まちかど
4 が　5 かい　6 かっこく
7 しがいち　8 あらた　9 にいがた
10 かくち　11 かんぜん　12 ひゃくがい

P.21 2

1 かい　2 あらた　3 すいい
4 くらい　5 がいとう　6 まち
7 いん　8 やじるし　9 きてき
10 くちぶえ　11 じかく　12 おぼ

3

1 配　2 短　3 登
4 苦　5 曲　6 全

P.22 4

1 街　2 改　3 械　4 水害
5 各自　6 感覚　7 有害　8 完
9 年賀　10 目覚　11 改　12 覚

ステップアップメモ

百害《ひゃくがい》あって一利《いちり》なし　悪いことばかりで、一つもいい部分がないこと。

ステップ 4

P.24 1

1 がいかん　2 かんり　3 しゅつがん
4 かんけい　5 がいこうかん　6 き
7 かんこう　8 き　9 せきしょ
10 かか　11 てくだ　12 ねが

P.25 2

以→衣→岐→官→案→械→愛→管→億→
薬→観→願

3

1 ウ　2 エ　3 イ　4 ア
5 ウ　6 イ　7 エ　8 ア

P.26 4

1 願　2 長官　3 四季　4 関
5 悲願　6 管　7 希　8 観客
9 管　10 願書　11 関心　12 関

ステップアップメモ

手練手管《てれんてくだ》　「手練」も「手管」も人をだます方法《ほうほう》の意。
希少価値《きしょうかち》　わずかしかなく、手に入らないことから生じるねうち。
関《せき》の山《やま》　これ以上はできないというぎりぎりのところ。

ステップ 5

P.28
1
1 きゅうしょく 2 きよう 3 はた
4 もと 5 きかんしゃ 6 な
7 こっき 8 ぎだい 9 がっき
10 きゅうじん 11 はいきゅう 12 きかい

P.29
2
1 エ・イ 2 オ・ウ 3 ウ・ア
4 オ・エ 5 オ・エ

3
1 ア 2 イ 3 イ 4 ア 5 イ
6 ア 7 ア 8 イ 9 イ 10 ア

P.30
4
1 旗 2 給油 3 機 4 器
5 議 6 国旗 7 追求 8 機械
9 泣 10 会議 11 求 12 泣

ステップアップメモ

追求《ついきゅう》 手に入れたいものをどこまでも追い求めること。
泣《な》きっつらにはち 悪い事やこまる事が重なること。

力だめし 第1回

P.31
1
1 にっか 2 うき 3 まちかど
4 さんい 5 におくねん 6 きんか
7 はつが 8 ちょういん 9 しるし
10 あん

2
1 7 2 6 3 4 4 4 5 6
6 6 7 12 8 15 9 8 10 13

P.32
3
1 覚える 2 温める 3 加える 4 短く
5 改まっ 6 願い 7 関わる 8 栄える
9 求める 10 覚ます

4
1 愛犬 2 賀 3 害虫 4 完全
5 以前 6 機 7 管 8 観光
9 給食 10 泣

ステップアップメモ

案《あん》ずるより産《う》むがやすし 物事は実行してしまえば、心配していたほど大変ではないものだ。

ステップ 6

1 P.36

1 くまもと
2 きょうつうご
3 さんめんきょう
4 きょしゅ
5 きょうえい
6 りょう
7 あ
8 ぎょぎょう
9 きょうぎ
10 ともぐ
11 なんきょく
12 かがみ

2 P.37

1 漁・泣・決・温
2 極・機・植・根
3 鏡・鉄・銀
4 完・官・安・実

3

1 ア
2 イ
3 ウ
4 ア
5 イ
6 イ
7 ウ

4 P.38

1 鏡
2 共同
3 北極
4 競馬
5 大漁
6 協力
7 挙
8 鏡
9 挙
10 共
11 競走
12 漁船

ステップアップメモ

北極星《ほっきょくせい》 星の名前。常《つね》に真北に見えるので、方角を知る手がかりになる。

ステップ 7

1 P.40

1 くん
2 けいひん
3 む
4 か
5 ぐんじん
6 ぐんぶ
7 ぐんて
8 くんれん
9 ぐんま
10 ちょっけい
11 けつじょう
12 げい

2 P.41

1 3
2 4
3 10
4 14
5 4
6 7
7 13
8 20
9 20
10 15

3

1 案
2 景
3 芸
4 貨
5 械
6 観

4 P.42

1 軍配
2 出欠
3 芸
4 群
5 欠
6 景色
7 群
8 郡部
9 半径
10 教訓
11 夜景
12 曲芸

ステップアップメモ

芸《げい》は身《み》を助《たす》ける 何かすぐれているものがあれば、こまっている時にそれが自分を助けることになる。

軍配《ぐんばい》を上《あ》げる すもうで、行司《ぎょうじ》が勝った力士《りきし》をうちわにた道具で指ししめすこと。勝ち判定《はんてい》を下す。

ステップ8

1 P.44

1 むす　2 きょうけん　3 かた
4 こうぶつ　5 た　6 かがわ
7 じっけん　8 けんこく　9 てんこう
10 こたい　11 この　12 こう

2 P.45

1 役・径・後・待　2 顔・題・願・頭
3 管・第・等・箱　4 結・給・終・緑

3

1 ウ　2 イ　3 ア　4 ウ
5 ウ　6 イ　7 イ　8 ウ

4 P.46

1 気候　2 健全　3 建物　4 結果
5 好　6 建　7 功　8 結
9 友好　10 香　11 体験　12 固

ステップアップメモ

けがの功名《こうみょう》　何気なく行ったことが、思いがけなく手がらになること。まちがってやったことが、かえってよい結果を生むこと。

新緑《しんりょく》　初夏《しょか》に見られる、若葉《わかば》の緑のこと。

ステップ9

1 P.48

1 さいしゅう　2 さんさい　3 しょうこう
4 しゅざい　5 さが　6 もっと
7 こうさ　8 さくや　9 な
10 さいたま　11 さ　12 ながさき

2 P.49

1 好む　2 群がる　3 建てる　4 覚える
5 固い　6 欠ける　7 加わる　8 結ぶ
9 求める　10 改める

3

1 ア　2 ウ　3 イ　4 エ
5 ウ　6 イ　7 エ　8 ア

4 P.50

1 野菜　2 最後　3 大差　4 材
5 昨日　6 差　7 健康　8 差
9 菜　10 材木　11 昨年　12 最

ステップアップメモ

小康《しょうこう》　病気が進行しないこと。少しよくなること。

最中《さいちゅう》　物事をさかんに行っている、まさにその時だということ。

ステップ10

P.52
1
1 う 2 ざんぎょう 3 ひょうさつ 4 のこ 5 こくさん 6 ふだ 7 まい 8 はっさん 9 す 10 さっ 11 さんこうしょ 12 ち

P.53
2
1 泣 2 固 3 差 4 散 5 昨 6 康

3
1 ア 2 ア 3 イ 4 イ 5 ウ 6 イ 7 ウ

P.54
4
1 改札 2 散歩 3 観察 4 刷 5 参加 6 名産 7 札 8 残暑 9 印刷 10 参 11 散 12 残

ステップアップメモ

平行《へいこう》 同じ平面上の二つの直線、または平面をどこまでのばしても、交わらないこと。

交差《こうさ》 二つ以上の線、または線のようなものが、十文字やななめに交わること。

力だめし 第2回

P.55
1
1 こうけい 2 かた 3 きょうりょく 4 あ 5 ぐんい 6 かくん 7 すいがい 8 いぜん 9 こうき 10 はた

2
1 ア 2 イ 3 ア 4 ア 5 ア 6 イ 7 イ 8 ア 9 ア 10 ア

P.56
3
1 転がっ 2 関わる 3 群れる 4 全て 5 注ぐ 6 最も 7 改める 8 等しい 9 温め 10 代わっ

4
1 芽 2 苦 3 荷 4 完 5 宿 6 定 7 熊 8 点 9 頭 10 願

P.57
5
1 ア・ウ 2 イ・エ 3 ウ・オ 4 ア・エ 5 イ・ウ

6
1 6 2 4 3 5 4 6 5 9 6 8 7 6 8 11 9 9 10 7

P.58

7

1 イ　2 ア　3 ウ　4 ア　5 ウ

8

1 欠点　2 健康　3 直結　4 残
5 一目散　6 給水　7 香　8 差
9 建　10 好

ステップアップメモ

全力《ぜんりょく》を挙《あ》げる　全ての力を出しつくすこと。この場合には「上げる」ではなく「挙げる」と書く。

家訓《かくん》　その家に代々つたわる教え・いましめ。

一目散《いちもくさん》　わき目もふらずに走る様子。

ステップ 11

P.62

1

1 ししょ　2 おさ　3 しぞく
4 かごしま　5 しゅじい　6 しが
7 あいじ　8 しあい　9 ちすい
10 じしょ　11 こころ　12 なお

P.63

2

1 兄・元・光・児　2 漁・注・治・油
3 械・材・札・柱　4 記・議・課・試

3

1 ア　2 カ　3 ウ　4 オ
5 ク　6 エ　7 イ　8 キ

P.64

4

1 治　2 式辞　3 治安　4 入試
5 司会　6 鹿　7 児童　8 氏名
9 治　10 試食　11 試　12 上司

ステップアップメモ

司書《ししょ》　図書館の本を管理する仕事や、その人。

氏族《しぞく》　同じ祖先《そせん》をもつ人々の集まり。

式辞《しきじ》　式でのべるあいさつの言葉。

治安《ちあん》　国や社会が治まっていておだやかであること。

ステップ 12

P.66
1
1 しつれい
2 まわ
3 まつ
4 たね
5 しゃくよう
6 はじ
7 しゅくじつ
8 みうしな
9 じゅんちょう
10 しゅう
11 か
12 しょしん

P.67
2
1 順
2 菜
3 初
4 種

3
1 健
2 初
3 昨
4 差
5 直
6 散

P.68
4
1 失
2 祝
3 初歩
4 周
5 松
6 借
7 順路
8 品種
9 初雪
10 借金
11 松林
12 祝電

ステップアップメモ

種明《たねあ》かし　手品などのしかけを見せて、説明《せつめい》すること。

初心《しょしん》わするべからず　物事に取り組むときは、最初の真《しん》剣《けん》な気持ちや決意を忘《わす》れてはならないといういましめ。

祝電《しゅくでん》　祝いの電報《でんぽう》。

ステップ 13

P.70
1
1 がっしょう
2 じしん
3 ゆうや
4 て
5 かしん
6 しろ
7 なわ
8 とな
9 つうしん
10 みやぎ
11 しょうめい
12 わら

P.71
2
1 借りる
2 試みる
3 参る
4 散らかす
5 焼ける
6 祝う
7 治まる
8 周り
9 残り
10 失う

3
1 唱
2 消
3 照
4 章
5 正
6 小
7 商
8 少
9 昭
10 勝

P.72
4
1 大笑
2 照
3 暗唱
4 城
5 焼
6 大臣
7 縄
8 唱
9 信号
10 城下
11 日照
12 笑

ステップアップメモ

暗唱《あんしょう》　暗記していることを何も見ずに言うこと。

笑《わら》う門《かど》には福《ふく》きたる　いつも笑いの絶《た》えない家には、自然とよいことが起こるものだ、ということ。

ステップ14

P.74 **1**

1 かんせい　2 きよ　3 はんせい
4 つ　5 せいりゅう　6 ふくい
7 せつぶん　8 しず　9 けっせき
10 はぶ　11 お　12 ふし

P.75 **2**

1 ウ　2 イ　3 ウ　4 ア
5 ウ　6 イ　7 ウ　8 ウ

3

1 せいこう　2 な　3 しゅくじつ
4 いわ　5 せいさん　6 きよ
7 せきせつ　8 つ　9 こうじんぶつ
10 この　11 せいでんき　12 しず

P.76 **4**

1 省　2 空席　3 面積　4 右折
5 節水　6 成果　7 清書　8 安静
9 折　10 井戸　11 静　12 積

ステップアップメモ

菜種《なたね》　菜（アブラナ）の種。
清算《せいさん》　貸《か》し借りを計算し、あと始末《しまつ》をつけること。

ステップ15

P.78 **1**

1 たたか　2 えら　3 きょうそう
4 せつめい　5 とおあさ　6 てんねん
7 かんせん　8 くら　9 すばこ
10 あらそ　11 と　12 しぜん

P.79 **2**

1 ア　2 ウ　3 イ　4 ウ
5 ウ　6 イ　7 ア

3

1 成　2 選　3 戦　4 節

P.80 **4**

1 小説　2 選　3 天然　4 戦
5 倉庫　6 争　7 自然　8 巣立
9 戦争　10 選手　11 説　12 浅

ステップアップメモ

競争《きょうそう》　勝ち負けなどをきそい合うこと。
競走《きょうそう》　一定の長さを走り、その速さをきそうこと。
天然《てんねん》　人の手が加わらない、自然のままの状態《じょうたい》。［対］人工
浅《あさ》**い川**《かわ》**も深**《ふか》**くわたれ**　浅い川でも深い川と同じように、気を配ってわたらないとあぶないということ。

力だめし 第3回

P.81
1

1 いくじ
2 こうきょう
3 わら
4 だいじん
5 しろ
6 せき
7 がっしょう
8 せいりゅう
9 かんせつ
10 たね

2

1 3
2 3
3 4
4 7
5 4
6 9
7 7
8 14
9 9
10 13

P.82
3

1 ア
2 ア
3 イ
4 イ
5 ア
6 イ
7 イ
8 ア
9 ア
10 イ

4

1 借りる
2 唱える
3 選ぶ
4 照らす
5 静かな
6 争う
7 戦う
8 失う
9 試みる
10 清らかな

P.83
5

1 器
2 周
3 司
4 治
5 浅
6 漁
7 種
8 積
9 議
10 説

6

1 エ・オ
2 ウ・イ
3 オ・ア
4 エ・オ
5 ア・オ

P.84
7

1 ウ
2 イ
3 ア
4 ウ
5 イ

8

1 祝電
2 塩焼
3 径
4 松
5 反省
6 縄
7 鹿
8 巣箱
9 整然
10 折

ステップアップメモ

まかぬ種《たね》は生《は》えぬ　原因《げんいん》がなければ結果も生じないということ。努力《どりょく》もせずに良《よ》い結果は得《え》られないという意味で使われる。

整然《せいぜん》　しっかりと整えられていること。

ステップ16

P.88 **1**

1 そく　2 たいれつ　3 じぞく
4 まご　5 はいたつ　6 りょうがわ
7 そつえん　8 さつたば　9 いったい
10 つづ　11 しそん　12 おび

P.89 **2**

1 唱　2 照　3 選　4 先　5 成
6 省　7 産　8 参　9 帯　10 隊

3

1 戦争　2 笑　3 卒業　4 着席
5 自然　6 続行　7 浅　8 最初

P.90 **4**

1 一帯　2 卒業　3 隊　4 側面
5 発達　6 続出　7 束　8 右側
9 孫　10 続　11 帯　12 花束

ステップアップメモ

温帯《おんたい》　熱帯《ねったい》と寒帯《かんたい》の間にある、温暖《おんだん》な地帯。四季の区別《くべつ》があるのが特徴《とくちょう》。

人工《じんこう》　人間が手を加えること。[対]自然・天然

ステップ17

P.92 **1**

1 おきなわ　2 たんい　3 かいてい
4 おき　5 いっちょう　6 ひく
7 なかなお　8 そこ　9 おきもの
10 ていくう　11 なか　12 ほうち

P.93 **2**

1 カ　2 ウ　3 オ　4 ア
5 ク　6 エ　7 キ　8 イ

3

1 上達・達成・速達
2 単語・単身・単調
3 根底・底力・船底
4 安置・位置・配置
5 低温・高低・低地
（順不同）

P.94 **4**

1 沖　2 底　3 前兆　4 置
5 最低　6 単元　7 仲間　8 地底
9 低　10 位置　11 単線　12 兆

ステップアップメモ

前兆《ぜんちょう》　何かが起こる前ぶれ。

ステップ18

P.96
1
1 まと　2 でんせつ　3 どりょく　4 はたら　5 がいとう　6 つた　7 とほ　8 とくだい　9 じてん　10 つと　11 てきちゅう　12 とうだい

P.97
2
1 イ　2 イ　3 ア　4 イ　5 イ　6 ア　7 イ　8 イ　9 ア　10 ア

3
1 生徒　2 低下　3 欠席　4 天然　5 低温　6 海底　7 成功　8 最低　9 卒業　10 着席

P.98
4
1 伝記　2 特集　3 式典　4 灯油　5 伝　6 徒　7 努　8 働　9 的外　10 電灯　11 目的　12 努力

ステップアップメモ

灯台《とうだい》もと暗《くら》し　身近なことほど、かえって見落としがちであることのたとえ。
伝記《でんき》　人物の一生について書かれた記録《きろく》。
的外《まとはず》れ　大事な点からはずれていること。

ステップ19

P.100
1
1 とくしま　2 なら　3 やまなし　4 とちぎ　5 ねったいぎょ　6 ざんねん　7 かんぱい　8 ばいう　9 うめ　10 かながわ　11 にゅうねん　12 あつ

P.101
2
1 低い　2 清らかな　3 続く　4 笑う　5 働く　6 伝わる　7 焼ける　8 争う　9 省く　10 唱える　11 折れる　12 束ねる

3
1 カ　2 オ　3 エ　4 ア　5 ウ　6 ク　7 キ　8 イ

P.102
4
1 道徳　2 記念　3 梅　4 奈落　5 熱中　6 栃　7 梅　8 念願　9 梨　10 敗　11 失敗　12 熱

ステップアップメモ

梅雨《ばいう》　六月ごろ長くふり続く雨。またその季節。つゆ。

ステップ 20

1 P.104

1 はくぶつかん　2 ひっしょう　3 ぶきみ
4 ふつう　5 せきはん　6 おおさか
7 ひょうほん　8 かなら　9 ひらい
10 でんぴょう　11 めし　12 と

2 P.105

1 標高・標的・道標　2 不順・不漁・不足
3 開票・票決・白票　4 記念・残念・信念
5 加熱・熱湯・高熱
（順不同）

3

1 9　2 7　3 3　4 10　5 4
6 6　7 9　8 15　9 13　10 9

4 P.106

1 目標　2 必　3 飛行　4 不思議
5 飯　6 博学　7 標語　8 必死
9 飛　10 投票　11 不足　12 夕飯

ステップアップメモ

白票《はくひょう》　何も記入されず投票された投票用紙。
博学《はくがく》　いろいろな物事を広く知っていること。
標語《ひょうご》　言いたいことをわかりやすく表した言葉。

力だめし 第4回

1 P.107

1 たんぱつ　2 どうどく　3 なわ
4 じてん　5 はたら　6 たば
7 ならく　8 ちょうこう　9 とち
10 たね

2

1 8　2 4　3 8　4 7　5 4
6 10　7 8　8 9　9 14　10 13

3 P.108

1 イ　2 ア　3 イ　4 ア　5 ア
6 イ　7 ア　8 イ　9 ア　10 イ

4

1 伝える　2 浅い　3 照らす　4 選ぶ
5 努める　6 働い　7 戦う　8 必ず
9 固める　10 結ぶ

5 P.109

1 ウ・イ　2 イ・エ　3 エ・ア
4 オ・ア　5 オ・ウ

6

1 低　2 敗　3 散　4 交　5 席
6 然　7 初　8 続　9 徒　10 卒

7 P.110

1 ウ　2 イ　3 ア　4 ウ　5 イ

8

1 不思議　2 標本　3 仲間　4 持続
5 沖　6 上達　7 目的　8 安置
9 熱　10 梨

ステップ21

1 P.114
1 ふくかいちょう　2 あた　3 ふじん　4 きしべ　5 ぶんべつ　6 うけつけ　7 へいき　8 しゅうへん　9 ふ　10 ぎふ　11 と　12 わか

2 P.115
1 オ　2 カ　3 ア　4 ク　5 キ　6 イ　7 ウ　8 エ

3
1 ア　2 ア　3 イ　4 ア　5 イ　6 ア　7 イ　8 ア　9 ア　10 イ

4 P.116
1 富　2 夫　3 海辺　4 付近　5 特別　6 府県　7 水兵　8 辺　9 富　10 副　11 近辺　12 付

ステップアップメモ

「分別」は読み方によって意味がかわります。文脈《ぶんみゃく》に注意して、どちらが正しいか考えましょう。

分別《ぶんべつ》　種類《しゅるい》によって分けること。
分別《ふんべつ》　物事のよい悪いをわきまえ、考えて決めること。

ステップ22

1 P.118
1 のぞ　2 へんか　3 まんてん　4 べつびん　5 ほうたい　6 ぼくそう　7 さほう　8 いちぼう　9 か　10 すえ　11 み　12 たよ

2 P.119
1 変　2 辺　3 夫　4 不　5 副　6 福　7 特　8 徳　9 低　10 底

3
1 望　2 隊　3 徒　4 不　5 的　6 熱　7 博　8 戦　9 極　10 副

4 P.120
1 満開　2 不便　3 末　4 望遠　5 変　6 方法　7 満　8 牧場　9 便　10 週末　11 包　12 急変

ステップアップメモ

便《たよ》りのないのはよい便《たよ》り　人はなかなか手紙を書かないものだから、手紙が来ないのは無事《ぶじ》である証拠《しょうこ》という意味。

ステップ23

P.122
1
1 みんしゅく　2 いさ　3 えいよう
4 ぶじ　5 みらい　6 じゅうみん
7 やく　8 むすう　9 やしな
10 ひつよう　11 ゆうしゃ　12 な

P.123
2
1 イ　2 ウ　3 ウ　4 イ
5 ア　6 ア　7 イ

3
1 勇ましい　2 必ず　3 辺り　4 別れる
5 帯びる　6 包む　7 飛ばす　8 満たす
9 付ける　10 敗れる　11 最も　12 熱い

P.124
4
1 無名　2 予約　3 養　4 勇気
5 民芸　6 要　7 無　8 要点
9 未然　10 勇　11 無理　12 養分

ステップアップメモ

静養《せいよう》　心や体を静かに休めること。
不意《ふい》　思いもよらないこと。とつぜん。
勇《いさ》む　物事に対して張《は》り切ること。

ステップ24

P.126
1
1 よくしつ　2 はか　3 すいりょう
4 りよう　5 わ　6 じょうりく
7 みずあ　8 いるい　9 よ
10 ざいりょう　11 いちりんしゃ　12 りょうやく

P.127
2
1 ほうちょう　2 つつ　3 ゆうき
4 いさ　5 ひつよう　6 かなめ
7 かいすいよく　8 あ　9 けつまつ
10 すえ　11 かいりょう　12 なかよ

3
1 ア　2 イ　3 ア　4 ア　5 イ
6 イ　7 ア　8 ア　9 ア　10 イ

P.128
4
1 便利　2 量　3 浴　4 仲良
5 大輪　6 料理　7 浴　8 分類
9 音量　10 着陸　11 指輪　12 良心

ステップアップメモ

良薬《りょうやく》は口《くち》ににがし　自分のためを思ってしてくれる注意は、聞くのがつらいものだということ。

ステップ 25

P.130
1
1 つめ　2 ろくおん　3 れんじつ
4 たと　5 ろうどう　6 ごうれい
7 ろうか　8 さ　9 かんれい
10 つら　11 れいぶん　12 お

P.131
2
1 浴びる　2 栄える　3 養う　4 挙げる
5 冷える　6 包む　7 例える　8 量る
9 連ねる　10 願う　11 満ちる　12 望む

3
1 休養・静養・養分　2 冷害・冷気・冷静
3 老人・長老・老犬　4 料金・原料・給料
5 衣類・種類・分類　（順不同）

P.132
4
1 命令　2 録画　3 冷　4 長老
5 例年　6 連　7 底冷　8 老
9 例　10 記録　11 連休　12 苦労

ステップアップメモ

長老《ちょうろう》　年を取り、いろいろな経験《けいけん》を積んでいる人。
底《そこ》冷《び》え　体のしんまで冷えるような寒さ。

力だめし 第5回

P.133
1
1 さいてん　2 と　3 ふけん
4 おっと　5 お　6 きしべ
7 へいき　8 とうゆ　9 ねっせん
10 や

2
1 5　2 4　3 10　4 3　5 7
6 13　7 7　8 5　9 12　10 5

P.134
3
1 法　2 満　3 浴　4 未　5 末
6 束　7 利　8 副　9 刷　10 別

4
1 けいりょう　2 はか　3 きゅうふ
4 つ　5 ほうちょう　6 つつ
7 かいりょう　8 よ　9 しょうめい
10 て

P.135
5
1 録画・登録・目録　2 重要・要求・要約
3 栄養・養分・休養　4 司令・指令・命令
5 風景・景観・夜景　（順不同）

6

1 陸
2 望
3 未
4 副
5 低
6 末
7 冷
8 利
9 無
10 必

P.136 **7**

1 副
2 福
3 料
4 両
5 林
6 輪
7 法
8 放
9 変
10 返

8

1 放牧
2 苦労
3 連
4 冷
5 特別
6 例
7 住民
8 老
9 便利
10 類

ステップアップメモ

焼《や》け石《いし》に水《みず》 少しばかりの手助けでは、全く役に立たないことのたとえ。

量《はか》る 重さや容積《ようせき》などを調べること。
計《はか》る 時間などを計算すること。

司令《しれい》 軍隊などをひきいて、指図すること。
指令《しれい》 指図や命令をすること。

主食《しゅしょく》 ふだんの食事で中心となる食べ物。日本では米やパンなど。
副食《ふくしょく》 主食にそえて食べるもの。

類《るい》は友《とも》をよぶ 趣味《しゅみ》や考え方が似《に》た人は、自然と寄《よ》り集まるものだということ。

◆コラムの答え◆

ステップ12 今日—きょう　明日—あす　昨日—きのう　今朝—けさ　果物—くだもの　景色—けしき

ステップ15 1 億　2 議案

ステップ18 1 すわる↕立つ・ねる↕起きる
左折↕右折・黒星↕白星
2 草食—肉食・全体—部分

7級 総《そう》まとめ 標準解答《ひょうじゅんかいとう》

(一) 読み (20)

10	9	8	7	6	5	4	3	2	1
か	かお	あ	あんがい	そつぎょう	いど	め	あ	いちりん	てんねん

1×20

(二) 読み (10)

10	9	8	7	6	5	4	3	2	1
のこ	ざんねん	はじ	しょしん	つた	でんき	くわ	かねつ	す	ゆうこう

1×10

(四) 画数（算用数字） (10)

10	9	8	7	6	5	4	3	2	1
総《そう》画数					何画目				
18	9	12	20	10	4	5	3	6	5

1×10

(五) 音読み・訓読み（記号） (20)

2	1
ア	ア

2×10

(七) 漢字と送りがな（ひらがな） (14)

7	6	5	4	3	2	1
栄える	唱える	治る	冷たい	清い	続ける	省く

2×7

(九) 同じ読みの漢字 (16)

8	7	6	5	4	3	2	1
季	器	菜	最	票	標	以	位

2×8

(十) 漢字 (40)

10	9	8	7	6	5	4	3	2	1
昨	康	鏡	陸	節	競	英	共	令	候

2×20

20	19	18	17	16	15	14	13	12	11
おび	たば	じてん	こくさん	だいざい	うしな	すだ	ふうけい	む	がいとう

㈢ 漢字えらび（記号）⒇

10	9	8	7	6	5	4	3	2	1
イ	ウ	ア	ウ	ア	イ	ア	イ	イ	ウ

2×10

10	9	8	7	6	5	4	3
ア	イ	イ	イ	ア	イ	ア	イ

㈥ 対《たい》義《ぎ》語（一字）⑽

5	4	3	2	1
徒	席	差	副	無

2×5

㈧ 同じ部首の漢字⒇

ウ				イ			ア		
10	9	8	7	6	5	4	3	2	1
辺	達	選	連	努	労	勇	敗	改	散

2×10

㈩ じゅく語作り（記号）⒇

五		四		三		二		一	
10	9	8	7	6	5	4	3	2	1
ウ	ア	エ	イ	ア	イ	オ	ア	イ	オ

2×10

20	19	18	17	16	15	14	13	12	11
笑	側	億	覚	芸	焼	特	録	観	賀

◆漢字の画数を数えると？の答え◆

答え　望

◆クイズであそぼ！の答え◆

クイズであそぼ！①

答え　①愛　②塩　③街　④議　⑤旗　⑥潟

クイズであそぼ！②

答え　①位・倍・億・他
②客・守・官・害
③芽・英・茨・荷

クイズであそぼ！③

答え　群集→集会→会議→議題→題材→材木→木星→
星空→空白→白衣→衣服→服薬→薬指→指名→
名実→実母→母親→親交→交代→代金→金魚→
魚群

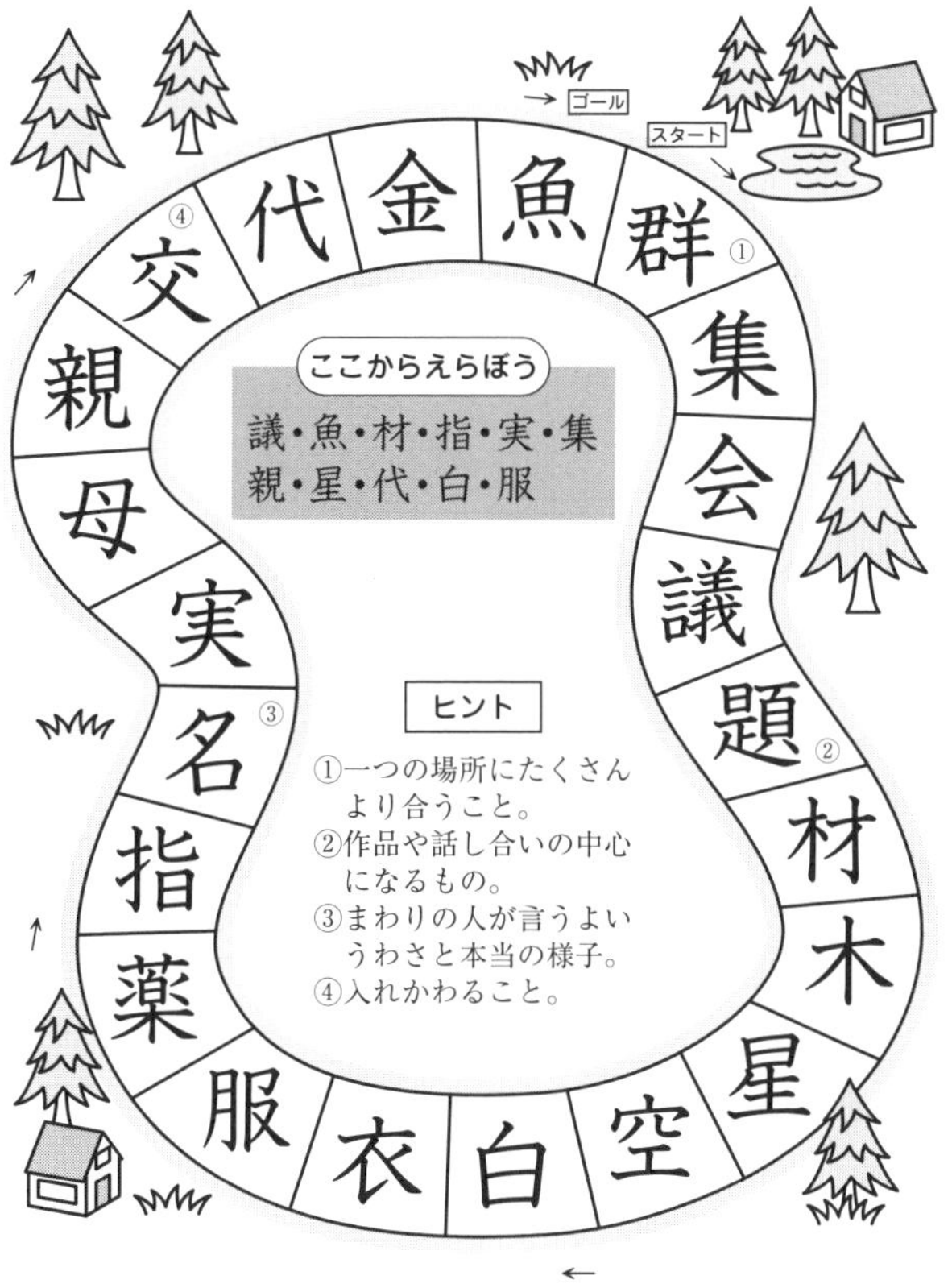

クイズであそぼ！④

答え　①願　②観　③季　④課　⑤管　⑥関

クイズであそぼ！⑤

答え　①帰　②用　③親

クイズであそぼ！⑥

答え　①景　②信　③節

クイズであそぼ！⑦

答え　笛・答・等・箱・笑（順不同）

クイズであそぼ！⑧

答え　①低　②特

都道府県名

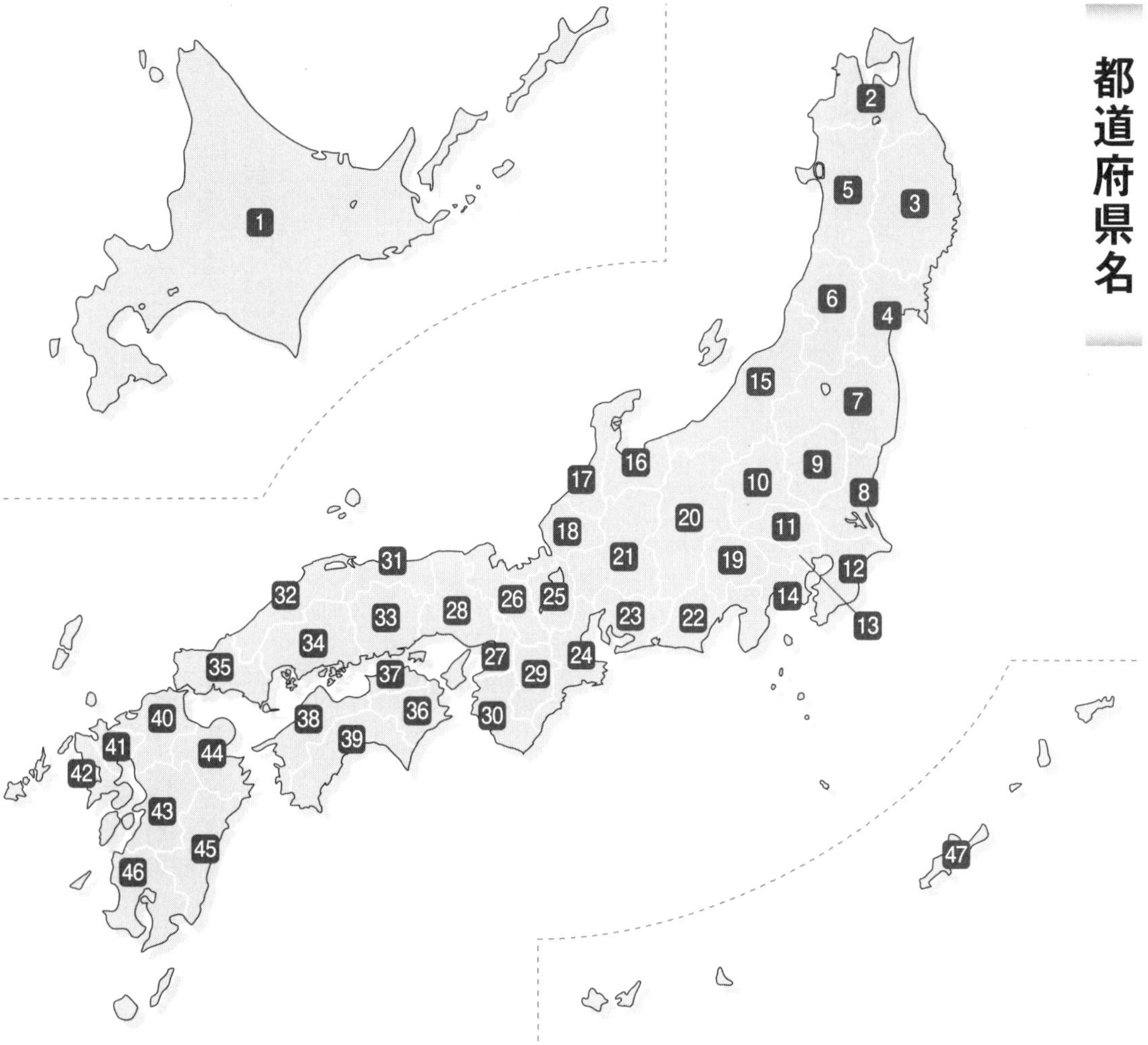

16	15	14	13	12	11	10	9	8	7	6	5	4	3	2	1
富山《とやま》県	新潟《にいがた》県	神奈川《かながわ》県	東京都《とうきょうと》	千葉《ちば》県	埼玉《さいたま》県	群馬《ぐんま》県	栃木《とちぎ》県	茨城《いばらき》県	福島《ふくしま》県	山形《やまがた》県	秋田《あきた》県	宮城《みやぎ》県	岩手《いわて》県	青森県《あおもりけん》	北海道《ほっかいどう》

32	31	30	29	28	27	26	25	24	23	22	21	20	19	18	17
島根《しまね》県	鳥取《とっとり》県	和歌山《わかやま》県	奈良《なら》県	兵庫《ひょうご》県	大阪府《おおさかふ》	京都府《きょうとふ》	滋賀《しが》県	三重《みえ》県	愛知《あいち》県	静岡《しずおか》県	岐阜《ぎふ》県	長野《ながの》県	山梨《やまなし》県	福井《ふくい》県	石川《いしかわ》県

47	46	45	44	43	42	41	40	39	38	37	36	35	34	33
沖縄《おきなわ》県	鹿児島《かごしま》県	宮崎《みやざき》県	大分《おおいた》県	熊本《くまもと》県	長崎《ながさき》県	佐賀《さが》県	福岡《ふくおか》県	高知《こうち》県	愛媛《えひめ》県	香川《かがわ》県	徳島《とくしま》県	山口《やまぐち》県	広島《ひろしま》県	岡山《おかやま》県